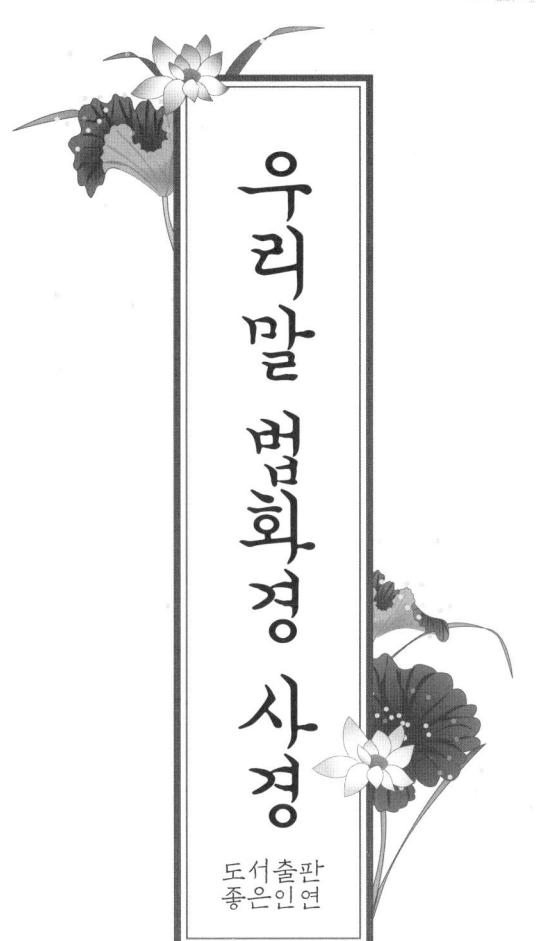

우리말 법화경 사경

도서출판
좋은인연

우리말 법화경 사경 제2권

姚秦三藏法師鳩摩羅什奉詔譯
(요진삼장법사구마라집봉조역)

제3　비유품　　　　10

제4　신해품　　　　117

사경의 의의

 사경이란 경전 말씀을 따라 쓰거나 옮겨 쓴다는 뜻으로 기도 수행의 한 방편입니다. 사경은 스스로 그 마음을 맑혀가는 거룩한 자기 불사(佛事)입니다. 이렇게 사경한 종이는 탑 등에 봉안되는데 불국사 석가탑에 모셔져 있다가 얼마전 세간에 알려진 무구정광 대다라니가 그 대표적 예입니다.

사경의 공덕

 깨끗하고 맑은 마음으로 부처님의 원음(圓音)을 옮겨쓰는 불자는 이미 윤회의 고통을 벗어나 있습니다. 정성다해 사경하는 이에게는 불보살님의 가피와 위신력이 있어 일체 모든 장애는 사라지고 기쁨이 늘 충만한 삶이 전개될 것입니다.

— 사경의 공덕이 탑을 조성하는 것보다 수승하다(도행반야경 탑품).
— 만약 어떤 사람이 경전을 사경, 수지, 해설하면 대원을 성취한다(법화경 법사공덕품).
— 무수한 세월 동안 물질로 보시한 공덕보다 경전을 사경, 수지, 독송하여 다른 이를 위해 해설한 공덕이 수승하다(금강경 지경공덕분).

사경 순서

1. 몸을 청정히 한다.
2. 부처님 사진 등을 모시고 향을 피운다.
3. 예불을 올린다.
4. 사경 발원문을 독송한다.
5. 정성껏 사경에 들어간다.
6. 사경 회향문을 읽고 부처님 전에 삼배한다.

우리말 법화경 사경노트를 내면서

　법화경은 교상판석의 분류를 통해 보면 그 교리적 위치를 확연히 알 수 있습니다. 사실 교상판석을 통해 보지 않더라도 우리 불자들에게 널리 읽히는 것만 보더라도 얼마나 중요하고 대단한 경인지 알 수 있습니다.
　법화경이 이렇게 중요한 것은 법화경에 부처님의 대단한 메시지가 들어있기 때문입니다.

　그렇다면 어떤 메시지가 있는가?
　첫째, 삶의 자신감을 가져다줍니다.
　법화경에는 많은 수기 이야기가 나옵니다. 심지어 여러 방법으로 부처님을 해하려고 했던 제바달다에게조차 부처님께서는 '과거 인연공덕으로 너도 후일 부처가 될 것이다' 라고 말씀하십니다. 그래서 법화경은 우리에게 희망의 메시지를 주는 경인 것입니다.

　둘째, 이 법화경은 공간에서의 평화를 제공합니다.
　법화경은 통일원리, 개권현실경이기 때문에 이 경전을 통하면 가정이든 사회든 사람 사는 어느 곳이든지 모두 평화를 주는 그런 힘을 가진 경입니다.

셋째, 영원한 생명력을 깨닫게 해줍니다.
영원한 생명력이신 부처님의 그 영원한 법신, 본래 부처님 본불(本佛) 사상이 다 드러나 있기 때문에 우리에게 영원한 생명력이 무엇인지 그것을 깨닫게 해줍니다.

넷째, 제 25품 관세음보살보문품과 같이 부처님의 불가사의한 힘을 우리에게 나타내면서 바라는 바를 성취시켜줍니다.
다시 요약하여 말씀드리면 이 법화경의 힘, 법화경이 가지고 있는 그 공덕, 법화경이 담고 있는 메시지의 힘은 네 가지입니다.

첫째, 삶의 자신감을 준다.
둘째, 공간에서의 평화를 제공해 준다.
셋째, 영원한 생명력을 깨닫게 해준다.
넷째, 바라는 바를 성취시켜 준다.

영국의 유명한 역사학자 아놀드 토인비가 1975년 마지막 강의를 하면서 다음과 같은 질문을 받았습니다.
"20세기 가장 큰 사건이 무엇이라고 생각하십니까?"
아놀드 토인비가 말했습니다.
"동양의 불교가 서양에 전래된 것입니다. 세계 평화를 가져다 줄 종교는 불교밖에 없기 때문입니다."

그만큼 불교가 유럽에 소개된 것은 큰 사건이었습니다. 그리고 토인비가 말했습니다.
　　"제가 여러분께 권하는 10가지 책이 있습니다. 그 중에서 불교경전인『법화경』을 꼭 읽어보시기 바랍니다."

　　법화경은 토인비의 말대로 평화의 메시지, 평화의 힘이 있는 경전입니다. 우리는 모두 평화를 갈구하며 살고 있지 않습니까? 가정에서나 사회에서나 인간관계에 있어서 평화만큼 좋은 것이 없습니다. 바로 이 법화경에 그 평화의 메시지가 깃들어 있다는 말입니다. 공부하시다보면 왜 그러한지 알게 되실 것입니다.
　　그래서 옛사람들은 '용을 그리고도 용의 눈을 그리지 못하면 용을 그리지 못한 것처럼 많은 불교경전을 공부하였어도 법화경을 공부하지 않았다면 불교공부를 다하지 못한 것과 같다' 라고 말하였습니다. 즉, 모든 불교경전의 결론을 내는 공부가 바로 법화경입니다. 그만큼 중요한 경전을 우리가 현재 만나고 있는 것입니다.

　　　　　　　無一 우학 스님의 〈법화경〉 강의 중에서
　　　　　　　　　- 도서출판 좋은인연 편집부 -

기도의 공덕에는 네 가지가 있습니다.

첫째, 기도는 나의 마음을 착하게 합니다.

둘째, 나의 업장을 녹여 줍니다. 해도 해도 잘 안 되는 것 같지만 끝까지 하다보면 업장은 녹습니다.

셋째, 열심히 하는 기도는 바라는 바를 성취시켜 줍니다.

넷째, 기도는 나를 행복하게 합니다. 기도를 열심히 하다보면 사람이 참 행복해집니다. 맘이 흐뭇해지고, 더 이상 바랄 것 없이 편안해 집니다.

無一 우학 스님의
〈법문 속의 명구〉 중에서

사경발원문

사경제자 _____ 합장

사경시작 _____ 년 _____ 월 _____ 일

제 삼 비유품

그때 사리불이 뛸 듯이 기뻐하며 자리에서 일어나 합장하고 부처님의 존안을 우러러보며 말씀드렸다.

"지금 세존으로부터 이 법문을 듣고 마음이 뛸 듯이 기쁘며 미증유를 얻었습니다. 왜냐하면 제가 옛적에 부처님으로부터 '보살들은 수기를 받아 성불할 것이다'

第三 譬喩品

爾時 舍利弗 踊躍歡喜 卽起合掌 瞻仰尊顔 而白佛言
今從世尊 聞此法音 心懷踊躍 得未曾有 所以者何 我昔
從佛 聞如是法 見諸菩薩 授記作佛

라는 법문을 들었으나, 저희들은 이 일에 참여하지 못하였으므로 여래의 한량없는 지견을 잃었다고 매우 슬퍼하였습니다.

세존이시여! 저는 항상 숲 속이나 나무 아래에 홀로 지내면서 앉거나 거닐면서 '저희들도 똑같이 법의 성품에 들었는데 어찌하여 여래께서는 소승법으로 제도하시는가?' 하였습니다. 이것은 저희들의 허물이지 세존의 허물이 아

而我等 不豫斯事 甚自感傷 失於如來 無量知見 世尊
我常獨處 山林樹下 若坐若行 每作是念 我等 同入法性
云何如來 以小乘法 而見濟度 是我等咎 非世尊也

니옵니다. 왜냐하면 만약 저희도 아뇩다라삼먁삼보리를 성취하는 인연이 되는 말씀을 기다렸다면 반드시 대승으로써 제도하여 해탈하게 하였을 것이기 때문입니다. 그러나 저희들은 방편으로 수의설법하시는 것을 이해하지 못하고 처음 불법을 듣자 곧 믿고 받아들여 깨달음을 얻었다고 생각하였습니다.

세존이시여!

所以者何 若我等 待說所因 成就阿耨多羅三藐三菩提者 必以大乘 而得度脫 然 我等 不解方便 隨宜所說 初聞佛法 遇便信受 思惟取證 世尊

제가 예로부터 지금까지 밤낮으로 늘 스스로를 심하게 꾸짖었는데 지금, 부처님으로부터 듣지 못하였던 미증유한 법을 듣고 모든 의심과 후회를 끊고 몸과 마음이 태연하고 좋으며 편안함을 얻게 되니, 오늘에서야 비로소 참되고 바른 불자임을 알았습니다. 부처님의 입으로부터 생겨났으며 법으로부터 화생하여 부처님의 가르침을 얻게 되었습니다."

我從昔來 終日竟夜 每自剋責 而今 從佛 聞所未聞 未曾有法 斷諸疑悔 身意泰然 快得安隱 今日 乃知眞是佛子 從佛口生 從法化生 得佛法分

사리불이 이 뜻을 거듭 펴려고 게송으로 말씀드렸다.

이 법문을 듣고 미증유를 얻었으며 마음이 크게 기쁘며 의심 덩어리들이 모두 없어졌습니다. 옛적부터 부처님의 가르침을 입어 대승을 잃지는 않았습니다. 부처님의 말씀은 매우 희유하여 능히 중생의 번뇌를 없애십니다. 저는 이미 번뇌의 근본이 다함

爾時 舍利弗 欲重宣此義 而說偈言
我聞是法音　　得所未曾有　　心懷大歡喜
疑網皆已除　　昔來蒙佛敎　　不失於大乘
佛音甚希有　　能除衆生惱　　我已得漏盡

을 얻었으며 근심과 걱정도 없어졌습니다. 산이나 계곡이나 숲이나 나무 아래 있으면서 앉거나 가벼이 거닐면서 언제나 이 일을 생각하고 한탄하며 깊이 뉘우치길, '어찌하여 스스로 속았던가! 우리도 역시 불자이며 똑같이 무루법에 들었는데 장차 위없는 도를 설하지 못하며 금빛과 삼십이상과 십력과 모든 해탈이 똑같이 한 법 가운데 있는데 이 일을 얻지 못

聞亦除憂惱　我處於山谷　或在林樹下
若坐若經行　常思惟是事　嗚呼深自責
云何而自欺　我等亦佛子　同入無漏法
不能於未來　演說無上道　金色三十二
十力諸解脫　同共一法中　而不得此事

하며 훌륭한 팔십종호와 십팔불 공법 등과 같은 공덕들을 모두 잃어버렸구나' 하였습니다.

제가 홀로 가벼이 거닐 때에 부처님께서 대중 가운데 계시며 명성이 시방에 가득 차 널리 중생을 이익 되게 하시는 것을 보고 스스로 이런 이익을 잃었다고 생각하였으니 저는 스스로를 속인 것이 되었습니다. 저는 밤낮으로 항상 이 일을 생각하며 세존께 잃은 것

八十種妙好　十八不共法　如是等功德
而我皆已失　我獨經行時　見佛在大衆
名聞滿十方　廣饒益衆生　自惟失此利
我爲自欺誑　我常於日夜　每思惟是事

인지, 잃지 않은 것인지를 여쭈어 보고 싶었습니다. 저는 항상 부처님께서 보살들을 칭찬하시는 것을 보고 밤낮으로 이와 같은 일을 헤아려 보았는데 지금 부처님의 수의설법을 들으니, 무루의 경지는 생각이나 말로써는 하기 어려우나 중생들로 하여금 도량에 이르게 합니다.

저는 본래 그릇된 소견에 집착하여 범지들의 스승이 되었는데,

欲以問世尊	爲失爲不失	我常見世尊
稱讚諸菩薩	以是於日夜	籌量如此事
今聞佛音聲	隨宜而說法	無漏難思議
令衆至道場	我本著邪見	爲諸梵志師

세존께서 저의 마음을 아시고 그릇됨을 뽑아내 버리려고 열반을 설하셨습니다. 저는 삿된 소견을 모두 없애 버리고 공의 법을 깨달았을 때 마음 속으로 '열반에 이르렀다.'고 생각하였는데, 지금에서야 이것이 진실한 열반이 아니었음을 깨달았습니다. 만약 성불하여 삼십이상을 모두 갖추고 하늘과 사람과 야차와 용과 신들이 공경하면 그때서야 비로소 영

世尊知我心　　拔邪說涅槃　　我悉除邪見
於空法得證　　爾時心自謂　　得至於滅度
而今乃自覺　　非是實滅度　　若得作佛時
具三十二相　　天人夜叉衆　　龍神等恭敬

원히 번뇌를 없애고 세상의 괴로움까지 없애어서 더 나아갈 것이 없는 경지에 이르렀다고 말하겠습니다.

　대중 가운데서 저도 당연히 부처님 된다는 말씀을 하시니 그 법문을 듣고 의심과 후회가 다 없어졌습니다. 처음에는 부처님의 말씀을 듣고 마음속으로 크게 놀라고 의심하기를 '아마도 마구니가 부처님이 되어 나의 마음을 혼란

是時乃可謂
說我當作佛
初聞佛所說
惱亂我心耶

永盡滅無餘
聞如是法音
心中大驚疑

佛於大衆中
疑悔悉已除
將非魔作佛

스럽게 하려는 것이 아닌가?' 하였습니다. 부처님께서 온갖 인연과 비유와 훌륭한 말씀으로 설하시는 것을 들으니 마음이 바다와 같이 편안하여지며 의심들이 다 없어집니다.

부처님께서 말씀하시길 '지난 세상에 열반하신 한량없는 부처님들께서도 방편 가운데 편안히 머무시며 모두 이 법을 설하시었고, 현재와 미래의 수많은 부처님

佛以種種緣	譬喻巧言說	其心安如海
我聞疑網斷	佛說過去世	無量滅度佛
安住方便中	亦皆說是法	現在未來佛

들께서도 역시 여러 방편으로 이와 같은 법을 설하시며 지금의 세존께서도 탄생하시고 출가하시어 도를 얻으시고 법륜을 굴리시되 역시 방편으로 설하신다.'하시므로 세존께서는 진실한 도를 설하시나 파순은 이런 일을 할 수 없으므로 이로써 저는 마구니가 부처님 되어 하는 짓이 아니라는 것을 분명히 알게 되었습니다.

　　제가 의심덩어리에 떨어졌으므

其數無有量	亦以諸方便	演說如是法
如今者世尊	從生及出家	得道轉法輪
亦以方便說	世尊說實道	波旬無此事
以是我定知	非是魔作佛	我墮疑網故

로 이를 마구니의 소행이라 하였는데, 부처님의 부드러운 말씀을 들으니 깊고 매우 미묘하며 청정한 법을 설하시므로 저의 마음이 크게 기쁘며, 의심과 후회가 모두 없어져 참된 지혜에 편안하게 머물게 되었습니다. 저는 반드시 부처님이 되어 하늘과 사람의 공경을 받으며 위없는 법륜을 굴리겠으며 보살들을 교화하겠습니다.

謂是魔所爲 聞佛柔軟音 深遠甚微妙
演暢淸淨法 我心大歡喜 疑悔永已盡
安住實智中 我定當作佛 爲天人所敬
轉無上法輪 敎化諸菩薩

그때 부처님께서 사리불에게 말씀하셨다.

"나는 지금 하늘과 사람과 사문과 바라문 등의 대중 가운데서 설하노라. 나는 옛적에 이만억 부처님의 처소에서 위없는 도를 성취하도록 항상 너희를 교화하였고, 너희 또한 오랜 세월 나를 따르며 배움을 받았느니라. 내가 방편으로 너희를 인도하였으므로 나의 법 가운데에서 태어났느니라.

爾時 佛告舍利弗 吾今於 天人沙門婆羅門等 大衆中 說
我昔曾於二萬億佛所 爲無上道故 常敎化汝 汝亦長夜
隨我受學 我以方便 引導汝故 生我法中

사리불아! 나는 옛날에 너에게 부처님 되는 길에 뜻을 두도록 가르쳤는데, 너는 지금 모두 잊어버리고 스스로 이미 열반을 얻었다고 여기기에 내가 지금 너로 하여금 본래로 돌이켜 발원하며 행하던 도를 기억나게 해 주려고, 또 성문들을 위해서 대승경을 설하는 것이니라. 경의 이름은 묘법연화경이며 보살을 가르치는 법이며 부처님께서 호념하시는 바

舍利弗 我昔教汝 志願佛道 汝今悉忘 而便自謂 已得滅度 我今還欲令汝 憶念本願所行道故 爲諸聲聞 說是大乘經 名妙法蓮華 敎菩薩法 佛所護念

이니라.

　사리불아! 너는 미래 세상에 한량없고 가없으며 불가사의한 겁을 지나 천만억 부처님을 공양하고 정법을 받들어 지니고 보살이 행하여야 할 도를 다 갖추고 부처님이 되는데 명호는 화광여래·응공·정변지·명행족·선서·세간해·무상사·조어장부·천인사·불세존이며 나라의 이름은 이구인데 그 땅은 평평하고 바르

舍利弗 汝於未來世 過無量無邊 不可思議劫 供養若干
千萬億佛 奉持正法 具足菩薩所行之道 當得作佛 號曰
華光如來 應供 正遍知 明行足 善逝 世間解 無上士 調
御丈夫 天人師 佛世尊 國名 離垢 其土平正

며, 청정하게 꾸며져 편안하고 즐거움이 가득하여 천인이 불같이 일어나며, 유리로 땅이 되고 여덟 갈래의 길이 있으며 황금으로 줄을 만들어 길가의 경계를 하고, 그 곁에는 각각 칠보로 된 나무가 줄지어 서 있으며 항상 꽃과 열매가 있을 것이니라. 화광여래께서도 역시 삼승으로 중생을 교화하시느니라.

사리불아! 그 부처님 나오실 때

清淨嚴飾 安隱豊樂 天人 熾盛 瑠璃爲地 有八交道 黃金爲繩 以界其側 其傍 各有七寶行樹 常有華菓 華光如來 亦以三乘 敎化衆生 舍利弗 彼佛出時

가 비록 나쁜 세상은 아니지만 본래의 서원 때문에 삼승법을 설하시느니라. 그 겁의 이름은 대보장엄이라 하는데 어찌하여 대보장엄이라 하는가 하면, 그 나라는 보살을 큰 보배로 삼기 때문이니라. 그 보살들은 한량없고 가없으며 불가사의하고, 셈이나 비유를 할 수가 없어서 부처님의 지혜의 힘이 아니고선 알 수 있는 자가 없느니라.

雖非惡世 以本願故 說三乘法 其劫名 大寶莊嚴 何故名曰 大寶莊嚴 其國中 以菩薩 爲大寶故 彼諸菩薩 無量無邊 不可思議 算數譬喻 所不能及 非佛智力

만약 다니고자 할 때면 보배꽃이 발을 받들 것이니라. 이 보살들은 처음으로 마음을 낸 것이 아니고 모두 오랫동안 한량없는 백천만억 부처님 처소에서 덕의 근본을 심었으며, 법행을 깨끗하게 닦아 항상 부처님들의 찬탄을 받았으며, 항상 부처님의 지혜를 닦아 크나큰 신통을 갖추어 일체 모든 법의 문을 잘 알며, 바르고 곧아서 거짓이 없으며 뜻과 생각이 굳고

無能知者 若欲行時 寶華承足 此諸菩薩 非初發意 皆久植德本 於無量百千萬億佛所 淨修梵行 恒爲諸佛之所稱歎 常修佛慧 具大神通 善知一切諸法之門 質直無僞 志念 堅固.

단단하느니라. 이러한 보살들이 그 나라에 가득하느니라.

사리불아! 화광여래의 수명은 성불하기 전 왕자일 때를 제외하고 십이소겁이며 그 나라 백성들의 수명은 팔소겁이니라. 화광여래가 십이소겁을 지나 견만보살에게 아뇩다라삼먁삼보리의 수기를 주시며 모든 비구에게 이렇게 말씀하셨느니라.

'이 견만보살이 다음에 부처님

如是菩薩 充滿其國 舍利弗 華光佛壽 十二小劫 除爲王子 未作佛時 其國人民 壽八小劫 華光如來 過 十二小劫 授 堅滿菩薩 阿耨多羅三藐三菩提記 告諸比丘 是堅滿菩薩 次當作佛

이 되리니 명호는 화족안행·다타아가도·아라하·삼먁삼불타라 하며 그 부처님의 나라도 역시 이와 같으니라' 하실 것이니라.

사리불아! 이 화광부처님께서 열반하신 후 정법이 세상에 머물기는 삼십이소겁이고, 상법이 세상에 머무는 것도 역시 삼십이소겁이니라."

세존께서 이 뜻을 거듭 펴시려고 게송으로 말씀하셨다.

號曰華足 安行 多陀阿伽度 阿羅訶 三藐三佛陀 其佛國土 亦復如是 舍利弗 是華光佛 滅度之後 正法住世 三十二小劫 像法住世 亦三十二小劫
爾時世尊 欲重宣此義 而說偈言

사리불이 오는 세상에는 지혜가 넓고 높은 부처님이 되느니라. 명호는 화광으로 한량없는 중생을 제도하며 한량없는 부처님을 공양하고 보살행과 십력 등의 공덕을 다 갖추어 위없는 도를 깨달으리라. 한량없는 겁을 지나면 겁의 이름은 대보장엄이요, 세계의 이름은 이구이며, 맑고 깨끗하여 흠이나 더러움이 없으며 유리로 땅이 되어 있고 금줄로 그 길의 경

舍利弗來世　成佛普智尊　號名日華光
當度無量眾　供養無數佛　具足菩薩行
十力等功德　證於無上道　過無量劫已
劫名大寶嚴　世界名離垢　淸淨無瑕穢
以瑠璃爲地　金繩界其道　七寶雜色樹

계를 삼으며, 여러 가지 빛깔의 칠보 나무에는 항상 꽃과 열매가 열리느니라. 그 나라의 보살들은 뜻과 생각이 항상 굳고 단단하며 신통바라밀을 모두 갖추었고 수없는 부처님 처소에서 보살도를 잘 배우리니 이러한 대사들이 모두 화광불의 교화를 받으리라. 그 부처님이 왕자일 때 나라를 버리고 세상의 영화도 버리고 가장 마지막의 몸으로 출가하여 불도를

常有華果實
神通波羅蜜
善學菩薩道
佛爲王子時
出家成佛道

彼國諸菩薩
皆已悉具足
如是等大士
棄國捨世榮

志念常堅固
於無數佛所
華光佛所化
於最末後身

이루느니라.

　화광부처님께서 세상에 머무는 수명은 십이소겁이요 그 나라 백성들의 수명은 팔소겁이니라. 부처님 열반하신 후 정법이 세상에 머무는 삼십이소겁 동안 널리 중생들을 제도하느니라. 정법이 다하면 상법이 삼십이소겁이며 사리를 널리 유포하여 하늘과 사람의 공양을 두루 받으리라. 화광부처님께서 하시는 바 그 일은 모두

華光佛住世　壽十二小劫　其國人民衆
壽命八小劫　佛滅度之後　正法住於世
三十二小劫　廣度諸衆生　正法滅盡已
像法三十二　舍利廣流布　天人普供養
華光佛所爲　其事皆如是　其兩足聖尊

이와 같으니라. 그 부처님께서는 가장 뛰어나시어 비교하여 견줄 분이 없나니, 그분이 바로 그대이니 당연히 기뻐하고 경사스럽게 여길지니라.

 그때 사부대중인 비구, 비구니, 우바새, 우바이와 천, 용, 야차, 건달바, 아수라, 가루라, 긴나라, 마후라가 등의 모든 대중은 사리불이 부처님 앞에서 아뇩다라삼

最勝無倫匹　　彼卽是汝身　　宜應自欣慶

爾時 四部衆 比丘 比丘尼 優婆塞 優婆夷 天龍夜叉 乾闥婆 阿修羅 迦樓羅 緊那羅 摩睺羅伽等 大衆 見舍利弗 於佛前 受阿耨多羅三藐三菩提記

먁삼보리의 수기를 받는 것을 보고 마음이 크게 기뻐 한량없이 즐거워하며 제각기 입고 있던 웃옷을 벗어 부처님께 공양하였다.

　석제환인과 범천왕 등도 무수한 천자와 같이 역시 하늘나라의 묘한 옷과 하늘의 만다라꽃, 마하만다라꽃 등으로 부처님께 공양하니 흩어진 하늘 옷이 허공 중에 머물며 저절로 돌고, 하늘의 백천만 가지 음악들이 허공 중에서 일

心大歡喜 踊躍無量 各各脫身 所著上衣 以供養佛 釋提桓因 梵天王等 與無數天子 亦以天妙衣 天曼陀羅華 摩訶曼陀羅華等 供養於佛 所散天衣 住虛空中 而自廻轉 諸天伎樂 百千萬種 於虛空中

시에 다 함께 울리며 하늘 꽃들이 비 오듯이 내리는데, 이렇게 말을 하였다.

"부처님께서 옛적 바라나에서 처음으로 법륜을 굴리시더니 이제 다시 위없는 가장 큰 법륜을 굴리시네."

천자들이 이 뜻을 거듭 펴려고 게송으로 말하였다.

옛적 바라나에서 사성제의 법

一時俱作 雨眾天華 而作是言 佛 昔於波羅奈 初轉法輪
今乃復轉 無上最大法輪
爾時諸天子 欲重宣此義 而說偈言

昔於波羅奈　　轉四諦法輪

륜을 굴리시며 오온이 생멸하는 모든 법을 자세히 설하시더니, 이제 다시 가장 묘하고 위없는 큰 법륜을 굴리시니, 이 법은 매우 깊고 오묘하여 믿을 수 있는 사람이 많지 않습니다. 저희들도 옛적부터 세존께서 설하시는 것을 여러 번 들었으나 이와 같이 깊고 묘하며 높은 법은 듣지 못하였습니다. 세존께서 이 법을 설하시니 저희들도 모두 따라서 기쁩니다.

分別說諸法　五眾之生滅　今復轉最妙
無上大法輪　是法甚深奧　少有能信者
我等從昔來　數聞世尊說　未曾聞如是
深妙之上法　世尊說是法　我等皆隨喜

큰 지혜의 사리불이 지금 세존의 수기를 받으니, 저희들도 역시 이와 같이 반드시 부처님이 되어 일체 세간에서 위가 없는 가장 높은 이가 되겠습니다. 부처님의 도는 생각이나 말로는 할 수가 없어 방편으로 적절하게 설하시니, 저희들이 지니고 있는 지금 세상과 지난 세상의 복업과 부처님을 본 공덕을 모두다 불도에 회향합니다.

大智舍利弗　今得受尊記　我等亦如是
必當得作佛　於一切世間　最尊無有上
佛道叵思議　方便隨宜說　我所有福業
今世若過世　及見佛功德　盡廻向佛道

그때 사리불이 부처님께 말씀드렸다.

"세존이시여! 저는 이제 다시는 의심과 후회가 없으며, 직접 부처님 앞에서 아뇩다라삼먁삼보리의 수기를 받았습니다. 마음이 자재해진 이 일천이백 인들이 옛적 배우는 위치에 있을 때 부처님께서 항상 교화하시기를 '나의 법은 생·로·병·사를 능히 떠나며 마침내는 열반에 이르느니라.'

爾時 舍利弗 白佛言 世尊 我今 無復疑悔 親於佛前 得受阿耨多羅三藐三菩提記 是諸千二百心自在者 昔住學地 佛常敎化 言 我法 能離生老病死 究竟涅槃

하셨습니다. 여기 배우는 사람이거나 다 배운 사람들도 각각 스스로는 아견과 유견, 무견 등을 떠나 열반을 얻었다고 생각하였는데, 지금 세존 앞에서 듣지 못하였던 말씀을 듣고 모두들 의혹에 떨어졌습니다.

거룩하신 세존이시여! 원하옵건대 사부대중을 위하여 그 인연을 말씀하셔서 의심과 후회에서 벗어나게 하여 주십시오."

是學無學人 亦各自 以離我見 及有無見等 謂得涅槃 而今於世尊前 聞所未聞 皆墮疑惑 善哉 世尊 願爲四衆 說其因緣 令離疑悔

그때 부처님께서 사리불에게 말씀하셨다.

"내가 먼저 말하지 않았더냐? 여러 부처님 세존들께서 가지가지 인연과 비유와 이야기를 하며 방편으로 설법하시는 것은 모두 아뇩다라삼먁삼보리를 위하는 것이며, 이렇게 하신 말씀들은 모두 보살을 교화하기 위한 것이니라.

사리불아! 이제 다시 비유로써 이 뜻을 한 번 더 밝히리니, 지혜

爾時 佛告舍利弗 我先不言 諸佛世尊 以種種因緣 譬喩言辭 方便說法 皆爲阿耨多羅三藐三菩提耶 是諸所說 皆爲化菩薩故 然 舍利弗 今當復以譬喩 更明此義

있는 자들은 이 비유로써 이해할 수 있으리라.

사리불아! 어떤 나라의 한 고을에 큰 장자가 있었는데, 매우 늙었으나 재물은 한량없이 많았으며 밭과 집과 하인들도 많았느니라. 그런데 그의 집은 크고 넓었으나 문은 하나뿐이었고 식구가 많아 일, 이백 내지 오백의 사람들이 그 집에서 살고 있었느니라.

집과 누각은 낡았고 담장과 벽

諸有智者 以譬喩得解 舍利弗 若國邑聚落 有大長者 其年 衰邁 財富無量 多有田宅 及諸僮僕 其家廣大 唯有一門 多諸人衆 一百二百 乃至五百人 止住其中 堂閣朽故

은 무너지고 떨어졌으며 기둥 뿌리는 썩었고 대들보는 기울어져 위험하였는데, 갑자기 사방에서 동시에 불이 일어나 그 집을 태우는데 장자의 열, 스물, 혹 서른이나 되는 자식들이 이 집 속에 있었느니라. 장자는 큰불이 사방에서 타오르는 것을 보고 크게 놀라고 두려워하며 이런 생각을 하였느니라.

'나는 이 불타는 집에서 무사

墻壁 隤落 柱根 腐敗 梁棟 傾危 周匝俱時 欻然火起 焚燒舍宅 長者 諸子 若十二十 或至三十 在此宅中 長者 見是大火 從四面起 卽大驚怖 而作是念 我雖能於此所燒之門

히 나올 수 있었지만 자식들은 불타는 집 속에서 즐겁게 노느라 집이 불타고 있는 것도 알지 못하고, 놀라거나 두려워하지 않는구나. 불이 곧 몸에 닿아서 고통이 심할 텐데 놀라거나 근심하지 않으며 나올 생각도 않는구나.'

사리불아! 장자는 또 생각하기를, '나는 몸과 손에 힘이 있으니 꽃을 담는 큰 대바구니나 상자 같은 것으로 아이들을 끄집어 내야

安隱得出 而諸子等 於火宅内 樂著嬉戲 不覺不知 不驚不怖 火來逼身 苦痛切已 心不厭患 無求出意 舍利弗 是長者 作是思惟 我 身手有力 當以衣裓 若以机案 從舍出之

겠다.' 하다가 다시 생각하기를 '이 집에는 문이 하나뿐이고 또 비좁은데 자식들이 어리고 아는 것이 없을 뿐 아니라 놀던 곳에 생각이 빠져 혹시 떨어져 불에 타지는 않을까? 그러니 내가 두렵고 무서운 일을 말하여서 이 집이 불에 타고 있으므로 늦기 전에 빨리 나와 불에 타는 화를 입지 않도록 하여야겠다.'

이런 생각을 하고서 자식들에

復更思惟 是舍唯有一門 而復狹小 諸子幼稚 未有所識 戀著戲處 或當墮落 爲火所燒 我當爲說 怖畏之事 此舍已燒 宜時疾出 無令爲火之所燒害 作是念已 如所思惟 具告諸子

게 자세히 말하기를, '얘들아, 빨리 나오너라.' 하였느니라. 아버지가 불쌍히 여겨 좋은 말로 깨우쳐 주었으나, 자식들은 노는 즐거움에 빠져서 바르게 믿거나 받아들이지 않고 놀라지도 않고 무서워하지도 않으며, 끝내 나오려는 마음이 없었으며, 또 불이란 것이 어떤 것인지, 어떤 것이 집인지, 무엇을 잃게 되는지를 알지 못하고 동으로 서로 뛰어 놀며 아버지

汝等 速出 父雖憐愍 善言誘喩 而諸子等 樂著嬉戲 不肯信受 不驚不畏 了無出心 亦復不知何者是火 何者爲舍 云何爲失 但東西走戲 視父而已

를 쳐다보기만 하였느니라. 그때 장자는 이런 생각을 하였느니라.

'이 집은 이미 큰불에 타고 있으니 나와 아이들이 만약 이때 나가지 못하면 반드시 불에 타게 되리니, 이제 마땅히 방편을 써서 자식들로 하여금 이 피해를 면하게 하리라.'

그리하여 아버지는 오래 전부터 자식들의 마음속에 각자 좋아하는 여러 가지 진귀하고 기이한

爾時長者 卽作是念 此舍已爲 大火所燒 我及諸子 若不時出 必爲所焚 我今 當設方便 令諸子等 得免斯害 父知諸子 先心 各有所好 種種珍玩奇異之物

놀이감으로 유혹하면 반드시 나오리라 생각하여, '너희들이 가지고 놀고 싶어하던 매우 희유한 것을 어렵게 구했는데, 만약 가지지 않는다면 후에 반드시 후회할 것이다. 양이 끄는 수레, 사슴이 끄는 수레, 소가 끄는 수레들이 지금 문밖에 있으니 즐겁게 놀 수가 있으리라. 그러니 이 불타는 집에서 빨리 나오너라. 너희들이 가지고 싶은 대로 모두다 주겠노라.'

情必樂著 而告之言 汝等 所可玩好 希有難得 汝若不取
後必憂悔 如此種種 羊車鹿車牛車 今在門外 可以遊戲
汝等 於此火宅 宜速出來 隨汝所欲 皆當與汝

고 말하였느니라.

  그때 자식들은 아버지의 말씀을 듣고 진기한 놀이감을 마침 원하고 있던 터라 마음들이 급해져서 서로 밀치고 경쟁하며 앞을 다투어 불타는 집에서 뛰쳐나왔느니라. 장자는 자식들이 무사히 나와 모두 사거리 가운데의 맨땅에 앉아 있어 다시는 장애가 없음을 보고 마음을 놓으며 매우 기뻐하였느니라. 그때 자식들이 아버지

爾時 諸子 聞父所說 珍玩之物 適其願故 心各勇銳 互相推排 競共馳走 爭出火宅 是時長者 見諸子等 安隱得出 皆於四衢道中 露地而坐 無復障礙 其心 泰然 歡喜踊躍 時 諸子等

에게 말하였느니라.

 '아버지께서 조금 전에 주시겠다고 하신 양이 끄는 수레, 사슴이 끄는 수레, 소가 끄는 수레를 지금 주십시오.'

 사리불아! 그때 장자는 아이들에게 똑같이 큰 수레를 하나씩 주었는데 그 수레는 높고 넓으며 보배들로 잘 꾸며졌고 두루 난간을 둘렀으며 사면에는 방울을 매달았고, 위에는 덮개를 펴서 쳤으며

各白父言 父先所許 玩好之具 羊車鹿車牛車 願時賜與 舍利弗 爾時 長者 各賜諸子 等一大車 其車高廣 衆寶莊挍 周匝欄楯 四面懸鈴 又於其上 張設幰蓋

또 여러 가지 진기한 보배로 잘 꾸몄으며, 보배 줄을 엮어 매고 꽃과 영락들을 드리웠으며, 고운 대자리를 겹겹이 깔고 붉은 베개를 잘 놓았으며, 흰 소를 매었는데 가죽빛이 깨끗하고 몸이 매우 좋으며 힘이 세어서 걸음걸이가 고르면서도 바람같이 빨랐으며, 많은 종들이 모시고 호위하였느니라. 왜냐하면 이 장자는 재물이 한량없이 많아 가지가지 창고마다 가득

亦以珍奇雜寶 而嚴飾之 寶繩 絞絡 垂諸華瓔 重敷婉筵 安置丹枕 駕以白牛 膚色 充潔 形體姝好 有大筋力 行步平正 其疾 如風 又多僕從 而侍衛之 所以者何 是大長者 財富無量 種種諸藏

차 넘쳤으므로 이런 생각을 하였던 것이니라.

'나의 재물은 끝이 없으니 변변치 못한 조그마한 수레를 자식들에게 주는 것은 옳지가 않다. 지금 이 아이들은 모두 나의 자식이므로 치우치거나 편듦 없이 사랑한다. 나에게는 이와 같이 칠보로 된 큰 수레가 한량없이 많으므로 평등한 마음으로 골고루 주어 차별하지 않으리라. 왜냐하면 내가

悉皆充溢 而作是念 我財物無極 不應以下劣小車 與諸子等 今此幼童 皆是吾子 愛無偏黨 我有如是 七寶大車 其數無量 應當等心 各各與之 不宜差別 所以者何

이 물건들을 온 나라에 두루 나누어 주어도 오히려 모자라지 않을 텐데, 하물며 자식들에게야 아낄 것이 무엇이 있겠는가!'

이때 자식들은 각각 큰 수레에 올라 본래 바라던 바 보다 더 좋은 것을 뜻밖에 얻었느니라.

사리불아! 너의 생각은 어떠하냐? 이 장자가 자식들에게 진기하고 큰 보물 수레를 똑같이 준 것 설마 허망하다고 할 수 있겠느

以我此物 周給一國 猶尚不匱 何況諸子 是時諸子 各乘大車 得未曾有 非本所望 舍利弗 於汝意云何 是長者等與諸子 珍寶大車 寧有虛妄不

나?"

사리불이 말씀드렸다.

"아니옵니다. 세존이시여! 이 장자가 자식들에게 불의 재난을 면하게 하여 목숨을 보전하게 한 것만으로도 허망하지 않습니다. 왜냐하면 목숨만 보전하여도 곧 가지고 놀기에 좋은 물건을 얻은 것인데, 하물며 방편으로 그 불타는 집에서 빼내어 구해준 것이야 말할 것이 있겠습니까?

舍利弗 言 不也 世尊 是長者 但令諸子 得免火難 全其軀命 非爲虛妄 何以故 若全身命 便爲已得玩好之具 況復方便 於彼火宅 而拔濟之

세존이시여! 이 장자가 가장 작은 수레 하나라도 주지 않았어도 허망하지는 않습니다. 왜냐하면 이 장자의 처음 생각은 방편으로 자식들을 나오게 해야겠다는 것이었습니다. 이런 인연으로 허망하다 할 수 없는데 더욱이 자신의 재산이 한량없이 많음을 스스로 알고 자식들을 이롭게 하려고 큰 수레를 똑같이 준 것이야 말할 것이 있겠습니까."

世尊 若是長者 乃至不與 最小一車 猶不虛妄 何以故 是長者 先作是意 我以方便 令子得出 以是因緣 無虛妄也 何況長者 自知財富無量 欲饒益諸子 等與大車

부처님께서 사리불에게 말씀하셨다.

"착하고도 착하구나. 네가 말한 바와 같으니라. 사리불아! 여래도 역시 이와 같이 곧 일체 세간의 아버지로서 모든 두려움과 겁냄과 쇠약함과 고달픔과 근심과 질병과 어두움에 가린 무명이 영원히 다하여 남음이 없게 하느니라. 한량없는 지견과 힘과 두려움 없음을 다 성취하였으며, 큰 신통

佛告舍利弗 善哉善哉 如汝所言 舍利弗 如來 亦復如是 則爲一切世間之父 於諸怖畏 衰惱憂患 無明闇蔽 永盡無餘 而悉成就 無量知見 力無所畏 有大神力

력과 지혜의 힘이 있으며, 방편과 지혜바라밀을 모두 갖추어 대자대비로 항상 부지런히 좋은 일만 찾아주며 일체를 이익되게 하느니라. 삼계라는 썩고 낡았으며 불타는 집에 태어나서, 중생들을 생·로·병·사와 우·비·고·뇌와 어리석고 어둠에 가린 탐·진·치의 불길에서 제도하기 위하여 가르치고 교화하여 아뇩다라삼먁삼보리를 얻게 하느니라.

及智慧力 具足方便智慧婆羅蜜 大慈大悲 常無懈惓 恒求善事 利益一切 而生三界 朽故火宅 爲度衆生 生老病死 憂悲苦惱 愚癡闇蔽 三毒之火 敎化令得 阿耨多羅三藐三菩提

모든 중생들을 보니, 나고 늙고 병들고 죽고 슬프고 걱정스럽고 괴롭고 고달픈 불에 타며, 오욕과 재물의 이익 때문에 가지가지 고통을 받으며, 또 욕심내고 집착하여 구하느라 현세에서는 온갖 고통을 받고 후세에서는 지옥, 축생, 아귀의 고통을 받으며, 어쩌다가 천상에 나거나 인간 세상에 나더라도 가난하고 몹시 괴로우며, 사랑하는 이와 이별하는 괴로

見諸眾生 爲 生老病死 憂悲苦惱 之所燒煮 亦以五欲財利故 受種種苦 又以貪著追求故 現受眾苦 後受地獄畜生餓鬼之苦 若生天上 及在人間 貧窮困苦 愛別離苦

음과 원수와 미운 이를 만나는 괴로움 등 이와 같은 가지가지의 고통 속에 빠져 있으면서도 즐겁게 노느라 깨닫지도 못하고 알지도 못하므로 놀라거나 두려워하지 않으며, 또 싫어하지도 않고 해탈을 구하지도 않으며 삼계의 불타는 집에서 동서로 뛰어다니느라 큰 고통을 만났음에도 근심하지 않는구나. 사리불아! 부처님께서 이것을 보시고는 이렇게 생각을

怨憎會苦 如是等 種種諸苦衆生 沒在其中 歡喜遊戲 不覺不知 不驚不怖 亦不生厭 不求解脫 於此三界火宅 東西馳走 雖遭大苦 不以爲患 舍利弗 佛見此已 便作是念

하셨느니라.

　'나는 중생의 아버지이므로 당연히 그 고난을 없애고, 한량없고 가없는 부처님의 지혜의 즐거움을 주어 그들을 즐겁게 하여야겠다.'

　사리불아! 여래는 또 이렇게 생각하셨느니라.

　'만약 내가 방편을 버리고 신통력과 지혜력만으로 중생들을 위하여 여래의 지견과 힘과 두려움

我爲衆生之父 應拔其苦難 與無量無邊 佛智慧樂 令其遊戲 舍利弗 如來 復作是念 若我但以神力及 智慧力 捨於方便 爲諸衆生 讚如來知見力無所畏者

없음을 찬탄하면 중생들은 이것으로써는 제도를 받지 못할 것이니라. 왜냐하면 이 중생들은 생·로·병·사와 우·비·고·뇌를 벗어나지 못하고 삼계의 불타는 집에서 타고 있으니 어떻게 부처님의 지혜를 이해할 수 있겠는가.'

　사리불아! 그 장자가 비록 몸과 손에 힘이 있었지만 쓰지 않고 은근하게 방편만으로 아이들을 불

衆生 不能以是得度 所以者何 是諸衆生 未免生老病死
憂悲苦惱 而爲三界 火宅所燒 何由能解 佛之智慧 舍利
弗 如彼長者 雖復身手有力 而不用之 但以慇懃方便

타는 집의 난리에서 건지어 낸 후 각자에게 진기하고 큰 보배 수레를 주었듯이, 여래도 역시 이와 같아서 마찬가지로 힘과 두려움 없음이 있지만, 쓰지 않고 단지 지혜와 방편으로써 삼계의 불타는 집에서 중생들을 건져내 구제하려고 삼승인 성문과 벽지불과 불승을 설하며 이런 말씀을 하시느니라.

'너희들은 삼계의 불타는 집에서 머무르는 것을 좋아하지 말고,

勉濟諸子火宅之難然後 各與珍寶大車 如來 亦復如是 雖有力無所畏 而不用之但以智慧方便 於三界火宅 拔濟衆生 爲說三乘 聲聞辟支佛 佛乘 而作是言

추하고 변변치 못한 빛과 소리와 향기와 맛과 닿음을 욕심 내지 말아라. 만약 욕심 내고 집착하여 아끼는 마음을 내면 곧 불에 타게 되느니라. 너희가 삼계에서 빨리 나오면 삼승인 성문, 벽지불, 불승을 얻을 것이니라. 내가 지금 너희를 위하여 이 일을 보증하고 말으리니 끝내 헛되지 아니하리라. 너희들은 마땅히 부지런히 닦고 정진하여라.'

汝等 莫得樂住 三界火宅 勿貪麤弊 色聲香味觸也 若貪著生愛 則爲所燒 汝 速出三界 當得三乘聲聞辟支佛 佛乘 我今爲汝 保任此事 終不虛也 汝等 但當 勤修精進

여래는 이러한 방편으로 중생들을 나아가게 하며 다시 이런 말씀을 하시느니라.

'너희는 마땅히 알라. 이 삼승법은 모든 성인들이 칭찬하시는 바이며 자유자재하여 얽매임이 없으며 의지하거나 구할 것이 없으니, 이 삼승에 오르면 번뇌가 없는 근기와 힘과 깨달음과 도와 선정과 해탈과 삼매 등을 스스로 즐기며 헤아릴 수 없는 편안함과 즐

如來 以是方便 誘進衆生 復作是言 汝等 當知 此三乘法 皆是聖所稱歎 自在無繫 無所依求 乘是三乘 以無漏根力 覺道 禪定 解脫 三昧等 而自娛樂

거음을 얻을 수 있으리라.'

 사리불아! 만약 어떤 중생이 안으로 지혜의 성품이 있어 불세존을 따르며 법을 듣고 받아 믿으며, 부지런히 정진하며 삼계에서 빨리 벗어나려고 스스로 열반을 구하면 이런 이를 성문승이라 이름하는데, 양이 끄는 수레를 가지려고 불타는 집에서 뛰어나온 자식들과 같으니라.

 만약 중생이 불세존을 따르며

便得無量 安隱快樂 舍利弗 若有衆生 內有智性 從佛世
尊 聞法信受 慇懃精進 欲速出三界 自求涅槃 是名聲聞
乘 如彼諸子 爲求羊車 出於火宅 若有衆生 從佛世尊

법을 듣고 받아 믿으며, 부지런히 정진하고 자연혜를 구하며 홀로 고요함을 즐기며 모든 법의 인연을 깊이 알면 이런 이를 벽지불승이라 하는데, 사슴이 끄는 수레를 가지려고 불타는 집에서 뛰어나온 자식들과 같으니라. 또 어떤 중생이 불세존을 따르며 법을 듣고 받아 믿으며 부지런히 닦고 정진하여 일체지와 불지와 자연지와 무사지와 여래의 지견과 힘과 두

聞法信受 慇懃精進 求自然慧 樂獨善寂 深知諸法因緣
是名辟支佛乘 如彼諸子 爲求鹿車 出於火宅 若有衆生
從佛世尊 聞法信受 勤修精進 求一切智 佛智 自然智
無師智 如來知見 力無所畏

려움 없음을 구하며, 한량없는 중생을 불쌍히 여겨 편안하고 즐겁게 하며 하늘과 사람을 이익 되게 하고, 일체를 제도하여 벗어나게 하면 이런 이를 대승보살이라 하는데, 이런 승을 구하는 까닭에 마하살이라 하고 소가 끄는 수레를 가지려고 불타는 집에서 뛰어나온 자식들과 같으니라.

사리불아! 그 장자가 자식들이 불타는 집에서 무사히 나와 두려

愍念安樂 無量衆生 利益天人 度脫一切 是名大乘菩薩 求此乘故 名爲摩訶薩 如彼諸子 爲求牛車 出於火宅 舍利弗 如彼長者 見諸子等 安隱得出火宅

을 것이 없는 곳에 이르렀음을 보고, 자신의 재산이 한량없음을 생각하여 큰 수레를 자식들에게 똑같이 준 것과 같이 여래도 역시 그와 같으니라. 일체 중생의 아버지이므로 한량없는 억천의 중생이 부처님의 가르침의 문을 통하여 삼계의 고통과 두렵고 무서우며 험한 길에서 나와, 열반의 즐거움 얻는 것을 보면 그때서야 이런 생각을 하느니라.

到無畏處 自惟財富無量 等以大車 而賜諸子 如來 亦復如是 爲一切衆生之父 若見無量億千衆生 以佛敎門 出三界苦 怖畏險道 得涅槃樂 如來爾時 便作是念

'나에게는 한량없고 가없는 지혜와 힘과 두려움 없음 등의 부처님 법의 창고가 있으며, 이 중생들은 모두 나의 자식이므로 똑같이 대승을 주어 홀로 열반을 얻게 할 것이 아니라 모두다 여래의 열반으로써 열반에 이르게 하리라.'

삼계를 벗어난 중생들에게 모두 부처님들의 선정과 해탈 등의 오락 기구를 주시니, 이것은 모두 한 모습이고 한 종류이며 성인들

我有無量無邊 智慧力無畏等 諸佛法藏 是諸衆生 皆是我子 等與大乘 不令有人 獨得滅度 皆以如來滅度 而滅度之 是諸衆生 脫三界者 悉與諸佛 禪定解脫等娛樂之具 皆是一相一種

이 찬탄하는 것이며, 깨끗하고 묘하여 가장 으뜸가는 즐거움이 생기느니라.

사리불아! 그 장자가 처음에는 세 가지 수레로 자식들을 이끌어 내었다가 보물로 잘 꾸며지고 편안하기가 제일 가는 큰 수레만을 주었느니라. 그렇지만 그 장자에게 거짓말을 한 허물이 없는 것과 같이 여래도 역시 그와 같이 허망함이 없느니라. 처음에는 삼승을

聖所稱歎 能生淨妙第一之樂 舍利弗 如彼長者 初以三車 誘引諸子然後 但與大車 寶物莊嚴 安隱第一 然彼長者 無虛妄之咎 如來 亦復如是 無有虛妄 初說三乘

설하여 중생을 인도한 후 대승으로만 제도하여 해탈하게 하느니라. 왜냐하면 여래는 한량없는 지혜와 힘과 두려울 바 없는 법의 창고를 지녔기에 일체의 중생에게 대승의 법을 줄 수 있는데 다 받아들이지를 못하기 때문이니라.

사리불아! 이러한 인연으로 마땅히 알아라. 부처님들은 방편의 힘으로 일불승에서 분별하여 삼승을 설하시는 것이니라."

引導眾生然後 但以大乘 而度脫之 何以故 如來有 無量智慧 力無所畏諸法之藏 能與一切眾生大乘之法 但不盡能受 舍利弗 以是因緣 當知諸佛 方便力故 於一佛乘 分別說三

세존께서 이 뜻을 거듭 펴시려고 게송으로 말씀하셨다.

　비유하자면 장자에게 큰 집이 하나 있는데 오래된 까닭으로 매우 낡았느니라. 높고 위태로우며 기둥 뿌리가 꺾어지고 썩었으며, 대들보는 기울고 주춧돌도 무너졌으며, 담과 벽이 무너지고 터졌으며, 발랐던 흙이 떨어지고 덮은 이엉도 어지러이 떨어졌으

佛 欲重宣此義 而說偈言
譬如長者　　有一大宅　　其宅久故　　而復頓弊
堂舍高危　　柱根摧朽　　梁棟傾斜　　基陛隤毀
墻壁圮坼　　泥塗褫落

며, 서까래와 문고리는 차이가 나게 떨어졌으며, 두루 막히고 꾸불꾸불하며 온갖 더러운 것들이 가득한 그 속에 오백 명이나 살고 있었느니라.

솔개, 올빼미, 보라매, 독수리, 까마귀, 까치, 비둘기, 뻐꾸기와 까치독사, 구렁이, 살모사, 전갈, 지네, 그리마와 노래기, 족제비, 너구리, 생쥐, 쥐와 온갖 나쁜 벌레들이 서로 뒤섞여 달릴 뿐만 아

覆苫亂墜
有五百人
蚖蛇蝮蠍
諸惡蟲輩

椽梠差脫
止住其中
蜈蚣蚰蜒
交橫馳走

周障屈曲
鵄梟雕鷲
守宮百足

雜穢充遍
烏鵲鳩鴿
鼬狸鼷鼠

니라, 똥오줌 냄새 나는 곳에 더러운 것이 흘러 넘쳤는데 말똥구리, 버마재비 등 온갖 벌레들이 그 위에 우글거리고 여우, 이리, 승냥이가 송장들을 씹어 뜯고 밟고 다니며 깨물고 맛보니 뼈와 살이 어지럽게 흩어져 있었느니라. 이 때문에 개떼들도 몰려와서 서로 밀고 당기며 굶주려 파리한 것들이 머뭇머뭇 겁을 내며 이리저리 먹을 것을 찾아다니고, 서로 싸우며

屎尿臭處
狐狼野干
由是群狗

不淨流溢
咀嚼踐蹋
競來搏撮

蜣蜋諸蟲
嚃齧死屍
飢羸慞惶

而集其上
骨肉狼藉
處處求食

물어 당기고 으르렁대며 시끄럽게 짖어대니 그 집의 모습이 이와 같이 무섭게 변하였느니라.

곳곳마다 도깨비와 야차와 나쁜 귀신들이 있었는데 사람의 살을 씹어먹었으며, 독충의 무리들과 사나운 짐승들이 알을 까 기르거나 낳아서 제각기 숨겨 보호하지만, 야차가 다투어 와서 빼앗아 먹었으며 먹은 뒤 배가 부르면 악한 마음이 불길같이 돌아 싸우고

鬪諍搊擊	哇喍嘷吠	其舍恐怖	變狀如是
處處皆有	魑魅魍魎	夜叉惡鬼	食噉人肉
毒蟲之屬	諸惡禽獸	孚乳産生	各自藏護
夜叉競來	爭取食之	食之旣飽	惡心轉熾

다투는 소리가 매우 두렵고 무서웠으며, 구반다 귀신은 흙더미에 웅크리고 앉아 있다가 때때로 한 두 자씩 뛰어오르고, 왔다갔다 돌아다니며 제멋대로 장난치며, 개의 양다리를 잡아 팽개쳐서 소리도 지르지 못하게 하고, 발로 목을 짓눌러 개를 두렵게 하며 혼자서 즐거워하였느니라.

또 어떤 귀신은 그 몸이 크고 긴데, 벌거벗은 형상에 검고 야윈 것

鬪諍之聲
或時離地
捉狗兩足
復有諸鬼

甚可怖畏
一尺二尺
撲令失聲
其身長大

鳩槃茶鬼
往返遊行
以脚加頸
裸形黑瘦

蹲踞土埵
縱逸嬉戲
怖狗自樂
常住其中

들이 항상 그 속에 살면서 크고 나쁜 소리로 울부짖으며 먹을 것을 찾았고, 또 어떤 귀신은 목구멍이 바늘 같았으며, 또 어떤 귀신은 머리가 소의 머리 같은데 사람을 뜯어먹거나 개도 씹어 먹는데, 머리털이 어지럽게 흐트러졌으며 잔인하고 사납기 그지없는 것이 굶주리고 목이 말라 울부짖으며 내달렸으며, 야차와 아귀와 사나운 새들과 짐승들도 몹시 배가 고파

發大惡聲　叫呼求食　復有諸鬼　其咽如針
復有諸鬼　首如牛頭　或食人肉　或復噉狗
頭髮蓬亂　殘害凶險　飢渴所逼　叫喚馳走
夜叉餓鬼　諸惡鳥獸

사방으로 달리며 창문과 창살 사이로 엿보거나 살펴보고 있었으니, 이와 같은 많은 재난들이 한량없이 두렵고 무서웠느니라.

　이 썩고 낡은 집이 한 사람의 것인데 집에서 나온 지 얼마 되지 않아 그 집 뒤에서 갑자기 불이 나 사면에서 사납게 타오르니, 대들보와 서까래와 기둥이 불에 타 폭발하는 소리가 찢어질 듯 진동하며, 꺾이고 부러지고 떨어져 내리

飢急四向　窺看窓牖　如是諸難　恐畏無量
是朽故宅　屬于一人　其人近出　未久之間
於後舍宅　欻然火起　四面一時　其炎俱熾
棟梁椽柱　爆聲震裂　摧折墮落　牆壁崩倒

고 담장과 벽이 무너지고 넘어지고, 모든 귀신들이 크게 부르짖으며 소리지르니, 독수리 같은 새들과 구반다 귀신들도 모든 것이 무섭고 두려워서 스스로 나오지 못하며, 사나운 짐승들과 독한 벌레들도 구멍 속으로 도망쳐 숨으며 비사사 귀신도 역시 그 집 속에 있었는데 복과 덕이 엷기 때문에 불길에 핍박을 받으며, 서로 잔인하게 해치고 피를 마시고 고기를 씹

諸鬼神等	揚聲大叫	雕鷲諸鳥	鳩槃茶等
周章惶怖	不能自出	惡獸毒蟲	藏竄孔穴
毘舍闍鬼	亦住其中	薄福德故	爲火所逼
共相殘害	飮血噉肉		

었으며, 승냥이의 무리들이 벌써 죽었는데 크고 악한 짐승들이 다투어 몰려와 뜯어먹었으며, 냄새와 연기가 자욱하게 사면을 가득히 메우니, 지네와 노래기와 독사의 종류가 불에 타 다투어 구멍에서 뛰쳐나오는데 구반다 귀신이 쫓아와 잡아먹었으며 아귀들도 머리에 불이 붙었으며 굶주리고 목이 마를 뿐만 아니라 뜨거워 괴로워하며 몹시 두려워하고 답답

野干之屬　竝已前死　諸大惡獸　競來食噉
臭烟燌烌　四面充塞　蜈蚣蚰蜒　毒蛇之類
爲火所燒　爭走出穴　鳩槃荼鬼　隨取而食
又諸餓鬼　頭上火燃　飢渴熱惱　周章悶走

해하며 달아나니 그 집은 이와 같이 매우 겁나고 두려울 뿐만 아니라 독하고 해로운 화재와 여러 가지 난리가 있었느니라.

그때 집주인이 문밖에 서 있다가 어떤 사람의 말을 들었느니라.

'당신의 자식들이 노는 것을 좋아해서 이 집에 들어갔고 어리고 철이 없어 노는 재미에만 빠져 있네그려.'

장자가 이 말을 듣고 놀라서 불

衆難非一　毒害火災　甚可怖畏　其宅如是
汝諸子等　聞有人言　在門外立　是時宅主
歡娛樂著　稚小無知　來入此宅　先因遊戲
　　　　　　　　　驚入火宅　長者聞已

타는 집에 들어가 구제하여 불에 타지 않도록 자식들을 깨우치려고 환난을 이렇게 말하였느니라.

'나쁜 귀신과 독한 벌레와 재앙과 불이 넝쿨같이 널리 퍼져 여러 가지 괴로움이 차례로 잇달아 끊어지지 않고, 독사와 까치독사와 살모사와 야차들과 구반다 귀신과 승냥이와 여우와 개들과 독수리와 수리와 솔개와 올빼미와 백족충의 무리가 굶주리고 목이 말

方宜救濟	令無燒害	告喩諸子	說眾患難
惡鬼毒蟲	災火蔓莚	眾苦次第	相續不絶
毒蛇蚖蝮	及諸夜叉	鳩槃荼鬼	野干狐狗
鵰鷲鴟梟	百足之屬	飢渴惱急	甚可怖畏

라 허덕이므로 매우 두렵고 겁이 난다.'

이런 괴로움과 어려움이 있는 곳에 더욱이 큰 불까지 났는데 자식들은 철이 없어서 아버지의 타이름이 들리지만 여전히 즐거움에만 빠져 놀이를 그치지 아니하였기에 장자가 이런 생각을 하였느니라.

'자식들이 이러하니 더욱 근심스럽고 괴롭구나. 이제 이 집에는

此苦難處	況復大火	諸子無知	雖聞父誨
猶故樂著	嬉戲不已	是時長者	而作是念
諸子如此	益我愁惱	今此舍宅	無一可樂

즐길 것이 하나도 없는데 놀이에만 흠뻑 빠져 나의 가르침을 듣지 아니하니 장차 불에 타는 피해를 입겠구나.'

이렇게 생각하고는 방편으로 자식들에게 이렇게 말하였느니라.

'내게 진기한 놀이감으로 좋은 보배 수레인 양이 끄는 수레와 사슴이 끄는 수레와 큰 소가 끄는 수레가 있는데 지금 문밖에 있으니 나오너라. 내가 너희들에게 주려

而諸子等　耽湎嬉戲　不受我教　將爲火害
卽便思惟　設諸方便　告諸子等　我有種種
珍玩之具　妙寶好車　羊車鹿車　大牛之車
今在門外　汝等出來

고 이 수레를 만들었으니 마음대로 가지고 재미있게 놀아라.'

자식들이 수레를 주겠다는 말을 듣고 곧바로 분주하게 다투며 뛰어나와 텅 빈 곳에 이르러 모든 고난을 벗어났느니라.

장자는 자식들이 불타는 집에서 나와 사거리에 있는 것을 보고 사자좌에 앉아 스스로 축하하며 말하기를, '이제 기분이 좋구나. 이 자식들을 힘들게 키웠는데, 어

吾爲汝等　造作此車　隨意所樂　可以遊戲
諸子聞說　如此諸車　卽時奔競　馳走而出
到於空地　離諸苦難　長者見子　得出火宅
住於四衢　坐師子座　而自慶言　我今快樂
此諸子等　生育甚難

리석고 어리고 철이 없어서 위험한 집에 들어갔었다. 독충들이 우글거리고 도깨비들도 무서운데 큰 불마저 일어나 사방에서 타오를때, 자식들은 그 속에서 놀이에만 빠져 있는 것을 내가 구해내어 재난에서 벗어나게 하였으니 사람들아, 나는 이제 기분이 좋고 즐겁다.'

그때 자식들은 아버지가 편안하게 앉아 계시는 것을 보고 모두

愚小無知	而入險宅	多諸毒蟲	魑魅可畏
大火猛炎	四面俱起	而此諸子	貪著嬉戲
我已救之	令得脫難	是故諸人	我今快樂
爾時諸子	知父安坐	皆詣父所	而白父言

들 아버지 계신 곳으로 가서 아버
지에게 말하였다.
 '원하옵건대 저희들에게 조금
전에 말씀하신 대로 세 가지 보배
수레를 주십시오. 저희들이 나오
면 세 가지 수레를 갖고 싶은 대로
주시겠다 하셨는데, 지금이 바로
그때이니 꼭 나누어 주십시오.'
 장자는 큰 부자라 창고마다 금
과 은과 유리와 자거와 마노 등이
많이 있었으므로 가지가지 보물

願賜我等　三種寶車　如前所許　諸子出來
當以三車　隨汝所欲　今正是時　唯垂給與
長者大富　庫藏衆多　金銀瑠璃　硨磲瑪瑙
以衆寶物　造諸大車

로 큰 수레를 만들어 훌륭하게 꾸미기를, 둘레에는 난간을 세우고 사면에는 방울을 달고 황금 줄을 서로 이어서 매고 진주로 된 그물을 그 위에 씌우고, 금으로 된 꽃과 영락들을 곳곳마다 늘어뜨리고 많은 비단을 섞어 꾸민 것으로 빙 둘러싸고, 부드러운 비단과 솜으로 짠 자리를 만들어 놓아 천억의 값어치가 나가며, 무척 희고 깨끗하며 세밀하게 짠 털방석을 그

莊校嚴飾　周匝欄楯　四面懸鈴　金繩交絡
眞珠羅網　張施其上　金華諸瓔　處處垂下
衆綵雜飾　周匝圍繞　柔軟繒纊　以爲茵褥
上妙細㲲　價直千億　鮮白淨潔　以覆其上

위에 덮고, 살이 찌고 힘이 세며 몸이 매우 좋은 크고 흰 소를 보배 수레의 멍에를 매었으며 많은 사람이 시중하며 따르고 호위를 하였느니라.

이와 같이 좋은 수레를 자식들에게 골고루 주니 자식들이 뛸 듯이 기뻐하며 이 보배 수레에 올라 사방으로 다니며 아무 걸림도 없이 매우 즐겁게 놀았느니라.

사리불에게 말하노라. 나도 또

有大白牛	肥壯多力	形體姝好	以駕寶車
多諸儐從	而侍衛之	以是妙車	等賜諸子
諸子是時	歡喜踊躍	乘是寶車	遊於四方
嬉戲快樂	自在無礙	告舍利弗	我亦如是

한 이와 같아서 성인들 중에서 가장 높으며, 세간의 아버지이니라. 일체 중생이 모두 나의 자식들인데 세상의 즐거움에 깊이 빠져 지혜로운 마음이 없구나. 삼계는 편안하지 않으며 더구나 불타는 집과 같이 여러 가지 괴로움이 가득하고 매우 무섭고 두려우며, 항상 생·로·병·사와 근심 걱정 등 이와 같은 불길들이 쉬지 않고 타오르느니라.

衆聖中尊　世間之父　一切衆生　皆是吾子
深著世樂　無有慧心　三界無安　猶如火宅
衆苦充滿　甚可怖畏　常有生老　病死憂患
如是等火　熾然不息

여래는 이미 삼계의 불타는 집을 떠나 고요하고 한가하게 지내며 편안하게 숲이나 들에서 지내느니라. 지금 이 삼계는 모두 나의 것이며 그 속의 중생들도 모두다 나의 자식이니라. 지금 이곳은 많은 근심과 어려움들이 있는데 오직 나 한 사람만이 구원하고 보호할 수 있느니라. 거듭 가르치고 타일러도 믿고 받아들이지 않는 것은 모든 욕망에 물들어 욕심 내고

如來已離 三界火宅 寂然閑居 安處林野
今此三界 皆是我有 其中衆生 悉是吾子
而今此處 多諸患難 唯我一人 能爲救護
雖復敎詔 而不信受 於諸欲染 貪著深故

깊이 집착하는 까닭이니라.
 이에 방편으로 삼승을 설하여 중생들로 하여금 삼계의 고통을 알게 하고 세간을 벗어나는 길을 열어 보이며 설하는 것이니라. 이 모든 자식들이 만약 마음으로 결정을 하면 삼명과 육신통을 다 갖추어 연각과 물러나지 않는 보살이 되느니라.
 사리불아! 나는 중생을 위하여 이런 비유로써 일불승을 설하느

以是方便　爲說三乘　令諸衆生　知三界苦
開示演說　出世間道　是諸子等　若心決定
具足三明　及六神通　有得緣覺　不退菩薩
汝舍利弗　我爲衆生　以此譬喻　說一佛乘

니라. 너희들이 만약 이 말을 믿고 받아들이면 일체가 모두 당연히 불도를 이룰 수 있느니라. 이 승은 미묘하고 맑고 깨끗하며 제일이니라. 모든 세간에서 위가 있을 수 없으므로 부처님께서 가히 즐기시는 바이며 일체 중생들이 당연히 찬탄하고 공양하며 예배하여야 하는 바이니라.

한량없는 억천의 모든 힘과 해탈과 선정과 지혜와 부처님의 나

汝等若能
是乘微妙
佛所悅可
無量億千

信受是語
清淨第一
一切眾生
諸力解脫

一切皆當
於諸世間
所應稱讚
禪定智慧

得成佛道
爲無有上
供養禮拜
及佛餘法

머지 법이니, 이와 같은 승을 얻으면 자식들을 밤낮으로 항상 즐겁게 놀게 하며, 보살들과 성문들이 이 보배 승을 타면 바로 도량에 이르느니라. 이런 인연으로 시방으로 살펴서 구할지라도 부처님의 방편을 제외하고는 다시 다른 승은 없느니라.

사리불에게 이르노니 너희들은 모두 나의 자식이고 나는 곧 아버지이니라. 너희들이 여러 겁 동안

得如是乘	令諸子等	日夜劫數	常得遊戲
與諸菩薩	及聲聞衆	乘此寶乘	直至道場
以是因緣	十方諦求	更無餘乘	除佛方便
告舍利弗	汝諸人等	皆是吾子	我則是父

가지가지 괴로움의 불에 타고 있으므로 내가 모두 건져내어 삼계를 벗어나게 하느니라. 내가 너희들도 열반을 얻었다고 말하였지만 단지 생사를 다함이었지 실제로는 열반이 아니니라.

이제 마땅히 해야 할 것은 오직 부처님의 지혜를 구하는 일이니라. 만약 보살이 이 대중 가운데 있으면서 부처님들의 진실한 법을 일심으로 듣는다면 모든 불세

汝等累劫	衆苦所燒	我皆濟拔	令出三界
我雖先說	汝等滅度	但盡生死	而實不滅
今所應作	唯佛智慧	若有菩薩	於是衆中
能一心聽	諸佛實法		

존께서는 비록 방편을 쓰시지만 교화되는 중생은 모두다 보살이니라.

사람들은 지혜가 작아 애욕에 깊이 집착하는데, 이들을 위하여 고제를 설해주면 중생들은 기뻐하며 미증유를 얻나니 부처님께서 설하시는 고제는 진실하며 틀림이 없느니라.

만약 어떤 중생이 괴로움의 근본을 알지 못하고 깊이 괴로움의

諸佛世尊 雖以方便 所化衆生 皆是菩薩
若人小智 深著愛欲 爲此等故 說於苦諦
衆生心喜 得未曾有 佛說苦諦 眞實無異
若有衆生 不知苦本

원인에 집착하여 잠시도 버리지 못하면 이들을 위하여 방편으로 도를 설하여 모든 괴로움의 근본 원인은 탐욕이라고 말해주느니라. 만약 탐욕이 없어지면 의지하거나 머무를 바가 없어서 모든 괴로움이 다하여 없어지니 멸제라 하며, 멸제를 위하여 도를 수행하여 모든 괴로움의 속박을 벗어나면 해탈을 얻었다고 하느니라. 이러한 사람은 어디에서 해탈을 얻

深著苦因　不能暫捨　爲是等故　方便說道
諸苦所因　貪欲爲本　若滅貪欲　無所依止
滅盡諸苦　名第三諦　爲滅諦故　修行於道
離諸苦縛　名得解脫　是人於何　而得解脫

겠느냐?

  단지 허망함을 떠난 것을 해탈이라 하는데, 그것은 사실 일체의 해탈을 얻지는 못한 것이니라. 부처님께서는 이런 사람들이 진실한 열반을 얻은 것이 아니라고 말하느니라. 이런 사람들은 아직 위없는 도를 얻지 못하였으므로 나로서도 열반에 이르렀다고 생각하지 않느니라.

  나는 법왕이며 법에 대하여 자

但離虛妄	名爲解脫	其實未得	一切解脫
佛說是人	未實滅度	斯人未得	無上道故
我意不欲	令至滅度	我爲法王	於法自在

재하므로 중생을 편안하게 하기 위하여 이 세상에 온 것이니라.

사리불아! 내가 설한 이 법인은 세간을 이롭게 하려고 설하는 것이니 가는 곳마다 망령되이 선전하지 말아라.

만약에 어떤 사람이 이 법을 듣고 따라 기뻐하며 받들어 받아지니면 마땅히 알아라. 이 사람은 아비발치이니라. 만일 이 경의 가르침을 믿고 받아들이는 자가 있으

我此法印　汝舍利弗　故現於世　安穩衆生
勿妄宣傳　在所遊方　世間故說　爲欲利益
阿鞞跋致　當知是人　隨喜頂受　若有聞者
　　　　　　　　　　此經法者　若有信受

면 이 사람은 이미 과거의 부처님을 뵈옵고 공경, 공양하였으며 이 법도 들었느니라. 만약 어떤 사람이 네가 설하는 바를 믿으면 곧 나를 보는 것이 되며 또 너와 비구승과 보살들을 보는 것이 되느니라.

이 법화경은 지혜가 깊은 이를 위해 설하는 것이므로 식견이 얕은 사람이 들으면 마음이 흐리고 어두워 이해하지 못하느니라. 일체 성문과 벽지불도 이 경까지에

是人已曾
若人有能
及比丘僧
淺識聞之

見過去佛
信汝所說
幷諸菩薩
迷惑不解

恭敬供養
則爲見我
斯法華經
一切聲聞

亦聞是法
亦見於汝
爲深智說
及辟支佛

는 힘이 미치지 못하느니라.

사리불 너마저도 이 경에 대하여는 믿음으로써 들어갔는데, 하물며 나머지 성문들이야 말할 것이 있겠느냐! 그 나머지 성문들도 부처님의 말씀을 믿는 까닭으로 이 경을 따르는 것이지 자기의 지혜로 아는 것은 아니니라.

또 사리불아! 교만하고 게으르며 아견이 있는 자에게는 이 경을 설하지 말라. 번뇌에 얽매여 생사

於此經中	力所不及	汝舍利弗	尚於此經
以信得入	況餘聲聞	其餘聲聞	信佛語故
隨順此經	非己智分	又舍利弗	憍慢懈怠
計我見者	莫說此經		

를 초월하지 못하는 사람은 식견
이 얕고 오욕에 깊이 집착하여 들
어도 이해하지 못하니 역시 설하
지 말라. 만약에 어떤 사람이 믿지
아니하고 이 경을 헐뜯고 비방하
면 곧 일체 세간의 부처님의 종자
를 끊는 것이 되느니라. 또 얼굴을
찡그리며 비난하거나 의심을 품
으면 이 사람이 지은 죄로 받는 보
를 설할 테니 잘 들어 보아라.
　　부처님께서 세상에 계시거나

凡夫淺識　深著五欲　聞不能解　亦勿爲說
若人不信　毀謗此經　則斷一切　世間佛種
或復顰蹙　而懷疑惑　汝當聽說　此人罪報

열반하신 뒤에라도 만약 이 경전을 비방하거나, 경을 읽고 외우고 쓰며 받아 지니는 사람을 보고 업신여기거나 천하게 여기며, 미워하거나 질투하며 원한을 품으면 이런 사람의 죄보를 이제 들어보아라.

그 사람은 목숨이 다하면, 아비지옥에 떨어져서 일겁을 다 채우고 겁이 다하면 다시 태어나는 이런 되풀이를 수도 없는 겁 동안 한

若佛在世	若滅度後	其有誹謗	如斯經典
見有讀誦	書持經者	輕賤憎嫉	而懷結恨
此人罪報	汝今復聽	其人命終	入阿鼻獄
具足一劫	劫盡更生	如是展轉	至無數劫

후에야 지옥으로부터 벗어나지만 축생으로 떨어지게 되는데 만약 개나 승냥이가 되면 그 모양이 비쩍 마르고 검고 옴이 올라 가는 곳마다 사람들이 때리고 희롱하며 또다시 사람의 미움과 천대를 받아 항상 피곤하고 굶주리며, 목이 마르고 뼈와 살이 야위고 앙상하여 살아서는 쓰라린 고통을 받고 죽어서는 깨진 기왓장이나 돌에 덮여지나니, 부처님의 종자를 끊

從地獄出　當墮畜生　若狗野干　其形頎瘦
犛黜疥癩　人所觸嬈　又復爲人　之所惡賤
常困飢渴　骨肉枯竭　生受楚毒　死被瓦石

은 탓으로 이런 죄의 보를 받느니라. 만약 낙타가 되거나 나귀가 되더라도 몸은 항상 무거운 짐을 지고 뭇매를 맞으며 오직 물과 여물만을 생각하느라 달리 아는 것이 없느니라. 이 경을 비방하였기 때문에 받는 벌이 이와 같느니라. 또 승냥이가 되어 마을에 들어오면 몸뚱이에 옴이 있고 눈도 하나 없어서, 아이들의 때림이나 돌팔매를 맞고 온갖 고통을 받아 끝내는

斷佛種故	受斯罪報	若作駝駝	或生驢中
身常負重	加諸杖捶	但念水草	餘無所知
謗斯經故	獲罪如是	有作野干	來入聚落
身體疥癩	又無一目	爲諸童子	之所打擲

죽게 되느니라.

 이렇게 죽은 뒤에는 다시 구렁이의 몸을 받아 그 모양이 길고 커서 오백 유순이나 되며 귀가 먹고 미련하고 발이 없어서 꿈틀꿈틀 배로 기어다니며 작은 벌레들에게 빨아 먹히며 밤낮으로 쉴 새 없이 고통을 받는데 이 경을 비방하였기 때문에 이와 같은 벌을 받느니라. 만일 사람이 되더라도 모든 근이 둔하고 어두우며 난쟁이, 못

受諸苦痛
其形長大
爲諸小蟲
謗斯經故

或時致死
五百由旬
之所唼食
獲罪如是

於是死已
聾騃無足
晝夜受苦
若得爲人

更受蟒身
宛轉腹行
無有休息
諸根暗鈍

생긴 병신, 절름발이, 소경, 귀머거리, 곱추가 되어 무슨 말을 하여도 사람들이 믿거나 받아들이지 않으며 입에서는 항상 나쁜 냄새가 나고 귀신과 도깨비가 들러붙으며, 가난하고 신분이 낮고 천하여 다른 사람의 부림을 받으며, 병이 많고 몸이 야위어도 의지할 곳이 없으며, 비록 다른 사람과 친하고 가까이 하려 해도 그 사람들이 모른 체하며, 얻는 것이 있더라도

矬陋攣躄	盲聾背傴	有所言說	人不信受
口氣常臭	鬼魅所著	貧窮下賤	爲人所使
多病痟瘦	無所依怙	雖親附人	人不在意

곧 다시 잃어버리며, 의술을 닦아 순리대로 병을 치료하여도 다시 다른 병만 더하고 혹은 도리어 죽게 하며, 자기에게 병이 나도 치료하고 간호해 줄 사람이 없으며, 설사 좋은 약을 먹을지라도 다시 더 심해지며, 또 남의 반역이나 노략질이나 겁탈이나 도둑질하는 이와 같은 죄에 이유 없이 걸려들어 그 벌을 받게 되느니라.

이와 같은 죄인은 영원히 부처

若有所得　尋復忘失　若修醫道　順方治病
更增他疾　或復致死　若自有病　無人救療
設服良藥　而復增劇　若他反逆　抄劫竊盜
如是等罪　橫羅其殃

님을 뵙지 못하며, 부처님께서 법을 설하시며 교화하여도 항상 어려운 곳에 태어나, 미치거나 귀가 먹거나 마음이 어지러워 영원히 법을 듣지 못하느니라.

 항하의 모래 수같은 수없는 겁 동안에 번번이 귀머거리와 벙어리로 나며 모든 근을 제대로 갖추지 못하며, 지옥에 있으면서도 마치 동산에 노는것 같이 생각하고, 다른 악도에 있어도 자기 집에 있

如斯罪人	永不見佛	衆聖之王	說法敎化
如斯罪人	常生難處	狂聾心亂	永不聞法
於無數劫	如恒河沙	生輒聾瘂	諸根不具
常處地獄	如遊園觀	在餘惡道	如己舍宅

는 것 같이 생각하며 낙타나 당나
귀나 돼지나개, 이런 것들이 그가
가는 곳이니 이 경을 비방한 까닭
으로 받는 벌이 이와 같느니라.

　　만약 사람으로 태어나도 귀머
거리, 장님, 벙어리가 되며 가난
하고 여러 가지 못난 꼴로 스스로
를 꾸미고 치장하며, 물 종기와 조
갈증과 옴과 문둥병과 등창과 종
기 등이와 같은 병으로 의복을 삼
으며, 몸에서는 항상 냄새가 나고

駝驪猪狗	是其行處	謗斯經故	獲罪如是
若得爲人	聲盲瘖瘂	貧窮諸衰	以自莊嚴
水腫乾痟	疥癩癰疽	如是等病	以爲衣服
身常臭處	垢穢不淨		

더럽고 깨끗하지 못하며 아견에 깊이 빠져 성내고 원망하는 일이 더욱 많아지며, 음탕한 마음이 불길같이 왕성하여 금수도 가리지 않느니라. 이 경을 비방한 까닭으로 받는 벌이 이와 같느니라.

사리불에게 말하노니, 이 경을 비방한 자의 그 벌을 말한다면 겁이 다하도록 하여도 다하지 못하느니라. 이러한 인연으로 내가 짐짓 너에게 말하노니, 지혜가 없는

深著我見	增益瞋恚	淫慾熾盛	不擇禽獸
謗斯經故	獲罪如是	告舍利弗	謗斯經者
若說其罪	窮劫不盡	以是因緣	我故語汝

사람들 가운데서는 이 경을 설하지 말지니라. 만약 근기가 예리하고 지혜가 밝고 많이 들어서 잘 알며 불도를 구하는 사람 있으면, 이러한 사람에게는 설하여 줄 것이니라. 만약 일찍이 억백천 부처님을 뵈옵고 여러 가지 선의 근본을 심었으며, 마음이 깊고 굳고 단단한 이런 사람에게는 설하여 줄 것이며, 정진하여 항상 자비심을 닦으며 몸과 목숨을 아끼지 아니하

無智人中
多聞强識
若人曾見
如是之人
不惜身命

莫說此經
求佛道者
億百千佛
乃可爲說
乃可爲說

若有利根
如是之人
植諸善本
若人精進

智慧明了
乃可爲說
深心堅固
常修慈心

면 설하여 줄 것이며, 이 경을 공경하며 다른 마음이 없고 범부들의 어리석음을 떠나 홀로 산이나 못 같은 곳에 지내면 이와 같은 사람에게는 설하여 주어라.

또 사리불아! 만약 어떤 사람이 나쁜 지식을 버리고 착한 벗을 가까이 하는 것을 보면 이와 같은 사람에게는 가히 설하여 줄 것이며, 불자가 계를 맑고 깨끗하게 지니기를 마치 맑고 밝은 구슬과 같이

若人恭敬	無有異心	離諸凡愚	獨處山澤
如是之人	乃可爲說	又舍利弗	若見有人
捨惡知識	親近善友	如是之人	乃可爲說
若見佛子	持戒淸潔	如淨明珠	求大乘經

하며 대승경전을 구하면 이러한 사람에게는 설하여 줄 것이며, 어떤 사람이 성냄이 없고 바탕이 곧고 부드러우며, 항상 일체를 불쌍히 여기며 부처님들을 공경하면 이러한 사람에게는 설하여 줄 것이며, 또 불자가 대중 가운데서 청정한 마음으로 가지가지 인연과 비유와 이야기로 설법을 하며 걸림이 없으면 이와 같은 사람에게는 설하여 줄 것이며, 만약 비구가

如是之人　乃可爲說　若人無瞋　質直柔軟
常愍一切　恭敬諸佛　如是之人　乃可爲說
復有佛子　於大衆中　以淸淨心　種種因緣
譬喩言辭　說法無礙　如是之人　乃可爲說

부처님의 지혜를 위해 사방으로
법을 구하며 합장하고 받들어 가
지되, 단지 대승경전만을 즐겁게
받아 지니며 다른 경은 한 게송이
라도 받아들이지 아니하면 이런
사람에게는 설하여 줄 것이며,

　어떤 사람이 지극한 마음으로
부처님의 사리를 구하듯이 이와
같은 경을 구하고 얻어서 받들어
잘 가지며, 다시는 다른 경전 구할
뜻이 없으며 또 외도의 서적을 생

若有比丘	爲一切智	四方求法	合掌頂受
但樂受持	大乘經典	乃至不受	餘經一偈
如是之人	乃可爲說	如人至心	求佛舍利
如是求經	得已頂受	其人不復	志求餘經

각지도 아니하면 이와 같은 사람에게는 설하여 주어라.

사리불에게 이르노니, 내가 이와 같은 모양으로 불도를 구하는 사람들을 말하려면 겁이 다 하여도 다하지 못하리니, 이와 같은 사람들은 곧 믿고 이해할 수 있으니 너는 마땅히 그들을 위하여 이 법화경을 설하여 주어라.

제 삼 비유품 끝

亦未曾念	外道典籍	如是之人	乃可爲說
告舍利弗	我說是相	求佛道者	窮劫不盡
如是等人	則能信解	汝當爲說	妙法華經

第三 譬喻品 終

제 사 신해품

이때 혜명수보리와 마하가전연과 마하가섭과 마하목건련이 부처님으로부터 미증유한 법문과 사리불에게 아뇩다라삼먁삼보리의 수기 주시는것을 듣고 비길 데 없는 마음으로 뛸 듯이 기뻐하며, 자리에서 일어나 의복을 단정히 하고 오른쪽 어깨를 드러내고 오른쪽 무릎을 땅에 대고 일심으로

第四 信解品

爾時 慧命須菩提 摩訶迦旃延 摩訶迦葉 摩訶目犍連 從佛所聞 未曾有法 世尊 授舍利弗 阿耨多羅三藐三菩提記 發希有心 歡喜踊躍 卽從座起 整衣服 偏袒右肩 右

합장한 채 허리를 굽혀 공경하며 부처님의 존안을 우러러보며 여쭈었다.

"저희들은 승단의 지도자로 있으면서, 늙고 쇠약해져 '이미 열반을 얻었으니 더 이상 할 일이 없다.'고 생각하고 다시 나아가 아뇩다라삼먁삼보리를 구하려고 노력하지 않았습니다.

세존께서 옛적에 법을 설하실 때 저희도 그 자리에 있었는데 몸

膝著地 一心合掌 曲躬恭敬 瞻仰尊顔 而白佛言 我等 居僧之首 年幷朽邁 自謂已得涅槃 無所堪任 不復進求 阿耨多羅三藐三菩提 世尊 往昔 說法旣久 我時在座

이 피곤하고 게을러서 단지 공하고 모양이 없고 지을 것이 없다는 것만 생각하였지 보살의 법인 신통에 즐거워하는 것과 부처님 국토를 깨끗이 하는 것과 중생을 성취시키는 것에는 기뻐하거나 즐거운 마음이 없었습니다. 왜냐하면 세존께서 저희들로 하여금 삼계에서 벗어나 열반의 깨달음을 얻게 하였기 때문입니다.

또 저희들이 늙고 쇠약해져서

身體疲懈 但念空 無相 無作 於菩薩法 遊戲神通 淨佛國土 成就眾生 心不喜樂 所以者何 世尊 令我等 出於三界 得涅槃證 又今我等 年已朽邁

부처님께서 보살을 교화하시는 아뇩다라삼먁삼보리에 대하여는 한 생각도 좋아하거나 기뻐하는 마음을 내지 않았기 때문입니다.

저희들은 지금 부처님 앞에서 성문들에게 아뇩다라삼먁삼보리의 수기 주시는 것을 듣고 마음이 매우 기쁜데 이제까지 없었던 일입니다. 생각지도 못하였는데 지금 뜻밖에 희유한 법을 듣고 크고 좋은 이익을 얻으니, 매우 기쁘고

於佛敎化菩薩 阿耨多羅三藐三菩提 不生一念好樂之心
我等 今於佛前 聞授聲聞 阿耨多羅三藐三菩提記 心甚
歡喜 得未曾有 不謂於今 忽然得聞希有之法 深自慶幸
獲大善利

다행스러우며 헤아릴 수 없는 보배를 구하지 않았는데 저절로 얻은 것과 같습니다. 세존이시여! 저희들이 지금 비유를 들어 이 뜻을 분명하게 말씀드리겠습니다.

비유하자면 어떤 사람이 나이가 어릴 때 아버지를 두고 도망을 쳐 다른 나라에 가서 십년, 이십년 내지 오십년이나 살았습니다. 나이가 들어서는 더욱 가난하고 곤란하여 사방으로 먹을 것과 입을

無量珍寶 不求自得 世尊 我等 今者 樂說譬喩 以明斯義 譬若有人 年旣幼稚 捨父逃逝 久住他國 或十二十至五十歲 年旣長大 加復窮困 馳騁四方 以求衣食

것을 찾아 이리저리 다니다가 우연히 본국을 향하게 되었습니다. 그의 아버지는 그곳에 먼저 와서 아들을 찾다가 찾지 못하자 머물러 살았습니다.

  그의 집은 큰 부자라 재물과 보배가 한량없어 금, 은, 유리, 산호, 호박, 수정, 진주 등이 창고마다 모두 가득하여 넘쳤으며, 남·여 종들과 신하와 보좌하는 사람과 아전과 백성들이 많았으며, 코

漸漸遊行 遇向本國 其父先來 求子不得 中止一城 其家大富 財寶無量 金銀瑠璃 珊瑚琥珀 頗梨珠等 其諸倉庫 悉皆盈溢 多有僮僕 臣佐吏民

끼리와 말, 수레와 소, 양 들이 무수히 많았으며, 들이고 냄에 따라 생기는 이익이 다른 나라에게까지 미치어 장사하는 사람들과 손님들이 무척 많았습니다.

그때 빈궁한 아들은 여러 마을과 나라를 다니다가 마침내 자기의 아버지가 살고 있는 성에 이르게 되었습니다. 아버지는 아들과 헤어진 오십여 년 동안 항상 아들을 생각하고 있었지만, 다른 사람

象馬車乘 牛羊 無數 出入息利 乃遍他國 商估賈客 亦甚衆多 時 貧窮子 遊諸聚落 經歷國邑 遂到其父 所止之城 父每念子 與子離別 五十餘年 而未曾向人

에게는 한 번도 이런 말을 하지 않고 혼자서만 깊이 생각하며 한탄하길, '늙고 쇠약한데 재물은 많아 금과 은과 진귀한 보배가 창고에 차고 넘치는구나. 자식이 없으니 어느 날 갑자기 죽게 되면 재물이 흩어져 버릴 것인데 맡길 곳이 없구나.' 하였습니다. 이리하여 항상 아들을 간절히 생각하며, '만약 아들을 만나 재물을 맡긴다면 마음이 편안해지고 즐거워

說如此事 但自思惟 心懷悔恨 自念老朽 多有財物 金銀珍寶 倉庫盈溢 無有子息 一旦終沒 財物散失 無所委付 是以慇懃 每憶其子 復作是念 我若得子 委付財物 坦然快樂

져 다시는 근심과 걱정이 없으리라.' 하였습니다.

세존이시여! 그때 궁한 아들은 품팔이를 하며 이리저리 다니다가 우연히 아버지의 집에 이르렀습니다. 문가에 서서 자기 아버지를 보니 사자좌에 걸터앉아 보배로 된 궤에 발을 올리고 있고 바라문과 찰제리와 거사들이 둘러서서 공경하고 있었습니다. 천만 냥이나 가치가 있는 진주와 영락으

無復憂慮 世尊 爾時窮子 傭賃展轉 遇到父舍 住立門側 遙見其父 踞師子床 寶机承足 諸婆羅門 刹利居士 皆恭敬圍繞 以眞珠瓔珞

로 몸을 장엄하였고 아전과 하인들이 흰 불자를 들고 좌우에서 모시고 섰으며, 보배 휘장으로 덮고 여러 가지 꽃으로 된 깃발을 드리웠으며, 땅에 향수를 뿌려 두고 이름난 꽃들을 흩어 놓았습니다.

보물을 늘어놓고 내오고 들이며 주고받는 이와 같은 것들로 가지가지로 치장되어 있어서 위엄과 덕망이 뛰어나게 높아 보였습니다. 빈궁한 아들은 아버지가 큰

價値千萬 莊嚴其身 吏民僮僕 手執白拂 侍立左右 覆以寶帳 垂諸華幡 香水灑地 散衆名華 羅列寶物 出內取與 有 如是等種種嚴飾 威德 特尊 窮子見父

세력이 있음을 보고 바로 두려운 생각을 품고 이곳에 온 것을 후회하며 가만히 이런 생각을 하였습니다.

'이 사람은 왕이거나 왕과 같은 사람이리니 내가 품을 팔아 물건을 얻을 곳이 아니겠구나. 가난한 마을에 가서 땅이 있으면 힘닿는 대로 일하고 옷과 밥을 쉽게 얻는 것이 낫겠다. 이곳에 머뭇거리다가는 혹시 강제로 일을 시킬지

有大力勢 卽懷恐怖 悔來至此 竊作是念 此或是王 或是王等 非我傭力 得物之處 不如往至貧里 肆力有地 衣食易得 若久住此 或見逼迫 强使我作

도 모르겠구나.' 하며 그는 거기서 재빨리 달아났는데, 이때 장자는 사자좌에 앉아서 아들을 알아보고 매우 기뻐하며 이런 생각을 하였습니다.

'창고에 둔 재물을 이제는 맡길 곳이 있구나. 내가 늘 생각하고 그리워하였는데 만나볼 길이 없더니, 스스로 왔으니 바라던 바대로 되었구나. 내 비록 늙었으나 욕심내고 아꼈던 것은 이러한 까닭

作是念已 疾走而去 時富長者 於師子座 見子便識 心大歡喜 卽作是念 我財物庫藏 今有所付 我常思念此子 無由見之 而忽自來 甚適我願 我雖年朽 猶故貪惜

이다.'

그래서 곧 곁의 사람을 보내 급히 쫓아가 데려오게 하였습니다. 이때 명을 받은 사람이 달려가서 붙잡으니, 빈궁한 아들이 깜짝 놀라며, '나는 아무 잘못이 없는데 어찌하여 붙잡느냐?' 고 부르짖으니 사자는 더욱 단단히 잡고 억지로 끌고 가려 하므로, 빈궁한 아들은 '아무 죄도 없이 붙잡혔으니 이제 죽게 되는구나.' 하며 한

卽遣傍人 急追將還 爾時使者 疾走往捉 窮子驚愕 稱怨大喚 我不相犯 何爲見捉 使者 執之愈急 强牽將還 于時窮子 自念無罪 而被囚執 此必定死

층 더 놀라고 무서워서 벌벌 떨다
가 기절하여 땅에 쓰러졌습니다.

아버지가 멀리서 그것을 보고
'그 사람은 필요 없으니 억지로
데려오지 말고, 얼굴에 찬물을 뿌
려 잘 깨어나게 하고 다시는 더 말
하지 말아라.' 하였습니다. 왜냐
하면 아버지는 그 아들의 뜻과 생
각이 낮고 졸렬함을 알았으며, 자
기가 호화롭고 귀하여서 아들이
어려워하는 줄을 알았기 때문입

轉更惶怖 悶絶躄地 父遙見之 而語使言 不須此人 勿強
將來 以 冷水灑面 令得醒悟 莫復與語 所以者何 父知
其子 志意下劣 自知豪貴 爲子所難

니다. 분명히 아들인 줄 알았으나 방편으로 다른 사람에게는 '이 사람이 나의 아들입니다.'라고 말하지 않고 사람을 시켜 '너를 놓아줄 테니 네 마음대로 가거라.' 하였더니 아들은 기뻐하며 뜻밖이라 여기고 자리에서 일어나 가난한 마을로 가서 옷과 음식을 구하였습니다.

그때 장자는 장차 그 아들을 달래어서 데려오게 하려고 방편

審知是子 而以方便 不語他人 云是我子 使者語之 我今放汝 隨意所趣 窮子歡喜 得未曾有 從地而起 往至貧里 以求衣食 爾時長者 將欲誘引其子 而設方便

을 쓰기를, 비밀리에 형색이 초라하고 위엄과 덕망이 보잘것없는 두 사람을 보내며, 이렇게 일렀습니다.

'너희들이 그곳에 가서 빈궁한 사람에게 여기에 일할 곳이 있는데 삯을 배나 주겠다고 넌지시 말하여 빈궁한 자가 만약 허락을 하면 데리고 와서 일을 시키되, 어떤 일을 시키려 하느냐고 물으면 너를 데리고 가서 거름을 치우게 하

密遣二人 形色 憔悴 無威德者 汝可詣彼 徐語窮子 此有作處 倍與汝直 窮子 若許 將來使作 若言 欲何所作 便可語之 雇汝除糞

고 우리 두 사람도 같이 일한다고 말하여라.'

 두 사람이 즉시 빈궁한 사람을 찾아가 만나고서 앞의 일들을 말하니, 빈궁한 아들은 먼저 품삯을 받고 와서 그들과 함께 거름을 치웠는데, 그 아버지가 아들을 보니 불쌍하기 짝이 없었습니다. 어느 날 창틈 사이로 보니 파리하고 해쓱하며, 거름과 흙과 먼지가 가득하여 더러우므로, 장자는 영락과

我等二人 亦共汝作 時 二使人 卽求窮子 旣已得之 具陳上事 爾時窮子 先取其價 尋與除糞 其父見子 愍而怪之 又以他日 於窓牖中 遙見子身 羸瘦憔悴 糞土塵坌 汚穢不淨

얇고 좋은 옷과 치장한 것들을 벗어버리고 떨어지고 더럽고 때가 낀 옷으로 갈아입고, 흙과 먼지를 몸에 바르고, 오른손에 거름 치우는 도구를 쥐고서 조심스런 모습으로 일꾼들에게 '너희들은 게으름을 피우거나 쉬지 말고 부지런히 일하여라.' 하였습니다.

방편을 쓴 까닭으로 아들과 가까이 할 수 있게 되자 빈궁한 아들에게 말하였습니다.

卽脫瓔珞細軟上服 嚴飾之具 更著麤弊 垢膩之衣 塵土坌身 右手 執持除糞之器 狀有所畏 語諸作人 汝等 勤作 勿得懈息 以方便故 得近其子 後復告言

'이 가엾은 사람아, 다시는 다른 곳으로 가지 말고 언제나 이곳에서 일하여라. 품삯도 올려줄 것이고, 필요한 물건이 있으면 동이 그릇이나 쌀이나 밀가루나 소금이나 식초 따위를 조금도 어려워하지 말고 말하여라. 나이 많은 일꾼이 있어서 필요한 대로 줄 것이니 편안하게 생각하여라. 나는 너의 아버지와 같으니 다시는 근심이나 걱정을 하지 말아라. 왜냐하

咄男子 汝常此作 勿復餘去 當加汝價 諸有所須 盆器米麵鹽醋之屬 莫自疑難 亦有老弊使人 須者 相給 好自安意 我如汝父 勿復憂慮 所以者何

면 나는 나이가 많고 늙었는데 너는 젊고 굳세며, 너는 언제나 일을 하면서 속이거나 게으르거나 성내거나 원망하는 말이 없었으며, 도무지 네게서는 다른 일꾼들처럼 나쁜 것들을 보지 못하였으니 이제부터는 내가 낳은 자식같이 대하리라.' 그러면서 장자는 이름도 다시 지어 주며 아들이라고 불렀습니다.

그때 빈궁한 아들은 비록 이런

我年 老大 而汝少壯 汝常作時 無有欺怠瞋恨怨言 都不見汝 有此諸惡 如餘作人 自今已後 如所生子 卽時長者 更與作字 名之爲兒 爾時窮子 雖欣此遇

대우를 받게 된 것이 기쁘긴 하였지만 여전히 품팔이를 하는 천한 사람이라고 여겼기에 이십년 동안 항상 거름 치우는 일만 하였습니다. 이렇게 지낸 후에야 마음이 통하고 서로를 믿게 되어 어려움 없이 출입을 하였지만 머무는 곳은 여전히 본래 거처하던 곳이었습니다.

세존이시여! 그때 장자가 병이 나서 오래지 않아 죽게 될 것을 알

猶故自謂 客作賤人 由是之故 於 二十年中 常令除糞
過是已後 心相體信 入出無難 然其所止 猶在本處 世尊
爾時長者有疾 自知將死不久

고 빈궁한 아들에게 '내게는 지금 많은 금과 은과 진귀한 보배가 창고마다 넘치는데, 그 속에 많고 적음과 응당 주고 받아야 할 것을 네가 모두 알아 두어라. 나의 마음이 이러하니 이 뜻을 따라라. 왜냐하면 이제는 너와 내가 다를 바가 없으니 부디 마음을 더 써서 새거나 잃어버리는 것이 없도록 하여라.' 하였습니다.

아들은 분부를 받아들여 재물

語窮子言 我今 多有金銀珍寶 倉庫盈溢 其中多少 所應取與 汝悉知之 我心如是 當體此意 所以者何 今我與汝 便爲不異 宜加用心 無令漏失 爾時 窮子 卽受敎勅

과 금, 은과 진귀한 보배와 창고에 들어 있는 모든 것을 알고 관리하게 되었으나, 밥 한 끼에 해당하는 물건도 바라거나 가지려는 마음이 없었으며, 머무는 곳도 여전히 본래 거처하던 곳이었는데 용렬한 마음을 버리지 못한 까닭이었습니다. 다시 얼마가 지난 후에 아버지는 아들의 마음이 점점 트이고 커져서 스스로 예전의 낮고 천하게 여겼던 마음을 깨닫는 것을

領知眾物 金銀珍寶 及諸庫藏 而無希取 一餐之意 然其所止 故在本處 下劣之心 亦未能捨 復經少時 父知子意 漸已通泰 成就大志 自鄙先心

알았습니다.

  그리고 죽을 때가 되자, 아들을 시켜 친족과 국왕과 대신과 찰제리와 거사들을 모이게 하고 모두 다 모이자, '여러분들은 마땅히 아십시오. 이 사람은 나의 아들이며 나의 소생입니다. 어느 성에서 나를 두고 도망하여 오십여 년 동안 힘들게 다니며 갖은 고생을 하였습니다. 그의 본래 이름은 아무개이며 나의 이름은 아무개인데,

臨欲終時 而命其子 幷會親族 國王大臣 刹利居士 皆悉已集 卽自宣言 諸君 當知 此是我子 我之所生 於某城中 捨吾逃走 伶俜辛苦 五十餘年 其本字某 我名某甲

옛날 본래 살던 성에 있을 적에 걱정을 하며 열심히 찾았는데 뜻밖에도 이곳에서 만나게 되었습니다. 이 사람은 나의 진짜 아들이요, 나는 그의 진짜 아버지입니다. 내가 가진 재산은 모두 이 아들의 것이며 주고 받던 것도 이 아들이 알아서 할 것입니다.'라고 하였습니다.

세존이시여! 그때 빈궁한 아들은 아버지의 이런 말씀을 듣고 크

昔在本城 懷憂推覓 忽於此間 遇會得之 此實我子 我實其父 今我所有 一切財物 皆是子有 先所出內 是子所知 世尊 是時窮子 聞父此言

게 기뻐하며 이런 생각을 하였습니다.

'나는 본래부터 바라거나 구하는 마음이 없었는데 지금 이 보배 창고가 저절로 다가왔구나.'

세존이시여! 큰 부자인 장자는 바로 여래이시고, 저희들은 모두 부처님의 아들과 같으므로 부처님께서 항상 저희들을 아들이라 하시었습니다.

세존이시여! 저희들이 세 가지

卽大歡喜 得未曾有 而作是念 我本無心有所希求 今此寶藏 自然而至 世尊 大富長者 則是如來 我等 皆似佛子 如來常說 我等爲子 世尊 我等 以三苦故

괴로움으로 인하여 나고 죽는 가운데서 여러 가지 뜨거운 고통을 받으며 마음이 흐리고 아는 것이 없어서 소승법만을 좋아하였습니다. 오늘 세존께서 저희로 하여금 깊이 생각하여 모든 법의 희롱거리인 거름을 버리도록 하시었으며, 저희들은 그 가운데서 부지런히 정진하여 열반에 이르게 하는 하루 품삯을 얻었는데, 이것을 얻고서 크게 기뻐 스스로 만족하며

於生死中 受諸熱惱 迷惑無知 樂著小法 今日世尊 令我等 思惟蠲除 諸法戱論之糞 我等 於中 勤加精進 得至涅槃一日之價 旣得此已 心大歡喜 自以爲足

'불법 가운데서 부지런히 정진하여 얻은 것이 크고 많다.'고 하였습니다.

　그러나 세존께서는 저희들의 마음이 변변치 못한 욕망에 빠져 소승법을 좋아하는 것을 아시고 계셨음에도 그대로 내버려두시고 '너희들도 당연히 여래의 지견인 보배 창고의 몫이 있다.'고 말씀하시지 않으셨습니다.

　세존께서는 방편의 힘으로 여

便自謂言 於佛法中 勤精進故 所得弘多 然世尊 先知我等 心著弊欲 樂於小法 便見縱捨 不爲分別汝等 當有如來知見 寶藏之分 世尊 以方便力

래의 지혜를 설하시었으나, 저희들은 열반의 하루 품삯을 받고 크게 얻었다고 생각하여 대승을 구하려는 뜻이 없었습니다. 저희들은 또 여래의 지혜를 보살들에게 말하여 주면서도 스스로는 이것에 대하여 원하는 마음이 없었습니다. 왜냐하면 부처님께서 저희들이 소승법을 좋아하는 것을 아시고 방편의 힘으로 저희들에게 알맞게 설하셨는데 저희들은 부

說如來智慧 我等 從佛 得 涅槃一日之價 以爲大得 於此大乘 無有志求 我等 又因如來智慧 爲諸菩薩 開示演說 而自於此 無有志願 所以者何 佛知我等 心樂小法 以方便力 隨我等說 而我等

처님의 진정한 아들임을 알지 못하였기 때문입니다.

　이제서야 세존께서 불지혜에 대하여 인색하지 않으심을 알게 되었습니다. 왜냐하면 저희들이 예전부터 진정한 부처님의 아들이었지만 소승법만을 좋아하였는데, 만약 저희들에게 대승을 좋아하는 마음이 있었다면 부처님께서 바로 저희들을 위하여 대승법을 설하셨을 것이기 때문입니다.

不知眞是佛子 今我等 方知世尊 於佛智慧 無所吝惜 所以者何 我等 昔來 眞是佛子 而但樂小法 若我等 有樂大之心 佛則爲我 說大乘法

이 경 가운데서 오직 일승을 설하시고 옛적 보살들 앞에서 성문들이 소승법을 좋아한다고 꾸짖고 나무라셨습니다. 이와 같이 부처님께서는 사실 대승으로서 교화하시었습니다. 이러한 까닭으로 저희들이 본래에는 바라는 마음이 없었는데 지금 법왕의 큰 보배가 저절로 이르렀으니 부처님의 아들로서 당연히 얻어야 할 것을 모두 얻은 것입니다."

於此經中 唯說一乘 而昔於菩薩前 毁呰聲聞 樂小法者 然 佛實以大乘 敎化 是故 我等 說本無心 有所希求 今 法王大寶自然而至 如佛子 所應得者 皆已得之

그때 마하가섭이 이 뜻을 거듭 게송으로 말씀드렸다.

저희들은 오늘에서야 부처님께서 가르치시는 말씀을 듣고 뛸 듯이 기쁘며 미증유를 얻었습니다. 부처님께서 성문들도 당연히 성불한다 말씀하시니 위없는 보배 더미를 구하지 않았는데 저절로 얻은 것이 되었습니다.
비유하자면 사내아이가 어리고

爾時 摩訶迦葉 欲重宣此義 而說偈言
我等今日　聞佛音教　歡喜踊躍　得未曾有
佛說聲聞　當得作佛　無上寶聚　不求自得
譬如童子　幼稚無識

철이 없어 아버지를 두고 도망하여 멀리 다른 나라로 가서 여러 나라를 떠돌아다닌 지 오십여 년, 그 아버지가 걱정하며 사방으로 찾아 나섰다가 찾기에 지쳐서 그만두고 어떤 성에 머물러서 집을 짓고 오욕을 마음껏 즐기었습니다.

그 집은 큰 부자라 여러 가지 금, 은, 자거, 마노, 진주, 유리와 코끼리, 말, 소, 양과 가마와 수레가 많았으며, 밭일을 하는 하인들

捨父逃逝	遠到他土	周流諸國	五十餘年
其父憂念	四方推求	求之旣疲	頓止一城
造立舍宅	五欲自娛	其家巨富	多諸金銀
硨磲瑪瑙	眞珠瑠璃	象馬牛羊	輦輿車乘
田業僮僕	人民衆多		

과 백성의 무리가 많았으며 들어
오고 나감에 따라 생기는 이익이
다른 나라에까지 두루 미치어 상
인들이 없는 곳이 없었습니다. 천
만억의 사람들이 그를 둘러싸고
공경하였으며 항상 임금의 사랑
을 받으며 신하와 호족들이 모두
다 같이 받들어 존중하는 이런 인
연으로 왕래하는 사람들이 많았
습니다.

 호화스럽고 부유함이 이와 같

出入息利　乃遍他國　商估賈人　無處不有
千萬億衆　圍繞恭敬　常爲王者　之所愛念
群臣豪族　皆共宗重　以諸緣故　往來者衆
豪富如是　有大力勢

아서 큰 세력을 가졌으나 늙고 쇠약해지니 자식을 걱정하는 마음이 더욱 더하여 밤낮으로 생각하기를, '죽을 때가 다 되었는데 어리석은 아들이 나를 떠난 지 오십여 년, 창고마다 가득한 재물들을 마땅히 어찌할 것인가?' 하였습니다.

그때 빈궁한 아들은 입을 옷과 먹을 것을 찾아서 이 마을에서 저 마을로, 이 나라에서 저 나라로 다

而年朽邁	益憂念子	夙夜惟念	死時將至
癡子捨我	五十餘年	庫藏諸物	當如之何
爾時窮子	求索衣食	從邑至邑	從國至國

녔습니다. 때론 얻는 것이 있기도 하고, 때로는 얻는 것이 없기도 하여 굶주리고 야위었으며, 몸에는 부스럼과 버짐이 생겼는데 차츰차츰 돌아다니다 아버지가 살고 있는 성에 다다라서도 품팔이로 전전하다가 마침내 아버지의 집에 이르게 되었습니다.

그때 장자는 그 집의 문안에서 큰 보배 휘장을 치고 사자좌에 앉아 있었는데, 권속들이 둘러서 있

或有所得　或無所得　飢餓羸瘦　體生瘡癬
漸次經歷　到父住城　傭賃展轉　遂至父舍
爾時長者　於其門內　施大寶帳　處師子座

었고 여러 사람이 모시고 호위하였으며, 어떤 이는 금과 은과 보물을 계산하고 재산의 출납을 문서에 자세히 기록하고 있었습니다.

　빈궁한 아들이 아버지를 보니 호화스럽고 귀해 보이며 높고 엄숙해 보여, 이 사람은 국왕이거나 왕족일 것이라 생각하고 놀랍고 두려워 혼자서 괴이하게 여기며 '어찌하여 이곳에 이르렀는가?' 하며, 혼자 생각으로 '내가 만약

眷屬圍遶	諸人侍衛	或有計算	金銀寶物
出內財産	注記券疏	窮子見父	豪貴尊嚴
謂是國王	若是王等	驚怖自怪	何故至此
覆自念言	我若久住		

오래 머물다가는 혹시 보고 못살게 굴며 강제로 일을 시킬 것이다.'라는 이런 생각을 하고서 재빨리 달아나며 가난한 마을을 물어 품팔이를 하려고 하였습니다.

장자는 그때 사자좌에 앉아 있으면서 그 아들을 말없이 알아보고 바로 사람을 시켜 쫓아가서 붙들어 오게 하니, 빈궁한 아들이 놀라서 부르짖으며 마음이 흐리고 근심하다가, 땅에 쓰러지며 '이

或見逼迫　强驅使作　思惟是已　馳走而去
借問貧里　欲往傭作　長者是時　在師子座
遙見其子　默而識之　卽勅使者　追捉將來
窮子驚喚　迷悶躄地

사람이 나를 붙잡으니 이제는 죽게 되었구나. 어찌하여 옷과 밥이 나를 이곳으로 오게 하였는가?' 하였습니다.

장자는 아들이 어리석고 생각이 좁고 못나서 나의 말을 믿지 아니하고 아버지라는 것도 믿지 않으리라 생각하고, 방편으로 애꾸눈이며 난쟁이이고 추하여 위엄과 덕망이 없는 사람을 보내며 가서 말하길 '같이 품팔이를 하는데

是人執我　必當見殺　何用衣食　使我至此
長者知子　愚癡狹劣　不信我言　不信是父
卽以方便　更遣餘人　眇目矬陋　無威德者
汝可語之　云當相雇

거름과 더러운 것을 치우면 품삯을 배로 주겠다.'고 말하라 하였습니다.

　빈궁한 아들이 이 말을 듣고 기뻐하며 따라와서 거름과 더러운 것을 치우며 모든 방과 집을 깨끗이 하였는데, 장자가 창문으로 아들을 보니 아들의 생각이 어리석고 못나서 천한 일하기를 좋아하는지라, 이에 장자는 떨어지고 때가 묻은 옷을 입고 거름 치우는 도

除諸糞穢　倍與汝價　窮子聞之　歡喜隨來
爲除糞穢　淨諸房舍　長者於牖　常見其子
念子愚劣　樂爲鄙事　於是長者　著弊垢衣

구를 잡고 아들이 있는 곳으로 가서 방편으로 가까이 하여 부지런히 일하라는 말을 하며 품삯을 더 주겠으며, 아울러 발에 바르는 기름과 음식도 흡족하게 주겠으며, 까는 자리도 두텁고 따뜻하게 해주겠노라고 하였습니다. 이와 같이 간절하게 말하며 부지런히 일을 하라 하며 또 부드러운 말로 나의 아들과 같다 하였습니다.

장자는 지혜가 있어서 차츰차

執除糞器　往到子所　方便附近　語令勤作
飢益汝價　幷塗足油　飲食充足　薦席厚煖
如是苦言　汝當勤作　又以軟語　若如我子

츰 출입을 하게 하며 이십여 년이 지나도록 집안 일을 맡아서 보게 하고, 금과 은과 진주와 수정 등 모든 재물이 들어오고 나가는 것을 보여주며, 모두 알게 하였습니다마는 여전히 문밖에 있는, 풀로 엮은 집에서 잠을 자며, 스스로 가난하였던 일을 생각하며 나에게는 이런 물건이 없다고 하였습니다. 아버지는 아들의 마음이 차츰 넓어지고 커졌음을 알고 재물을

長者有智	漸令入出	經二十年	執作家事
示其金銀	眞珠頗梨	諸物出入	皆使令知
猶處門外	止宿草庵	自念貧事	我無此物
父知子心	漸已廣大		

주고 싶어서 바로 친족과 국왕과 대신과 찰제리와 거사들을 모아 놓고 이 대중들에게, '이 사람이 바로 나의 아들이고 나를 버리고 다른 곳으로 다니다 오십년이 지났고, 아들이 스스로 찾아와 만난 지가 이십년이 되었습니다. 옛날 어떤 성에서 이 아들을 잃어버리고 두루 찾아다니다가 결국에는 여기까지 온 것입니다. 이제 내가 가지고 있는 집과 사람들을 모두

欲與財物	卽聚親族	國王大臣	刹利居士
於此大衆	說是我子	捨我他行	經五十歲
自見子來	已二十年	昔於某城	而失是子
周行求索	遂來至此	凡我所有	舍宅人民

다 맡기고 쓰는 것을 마음대로 하
게 할것입니다.'고 하였습니다.
 아들은 옛적부터 가난하다고
생각하고 뜻과 생각이 낮고 못났
었는데, 아버지가 계신 곳에서 뜻
밖에 진귀한 보배와 사는 집과 재
물들을 크게 얻고 매우 기뻐하였
습니다.
 부처님께서도 역시 이와 같으
셔서 저희들이 작은 것을 좋아하
는 것을 아시고서 너희들도 성불

悉以付之 恣其所用 子念昔貧 志意下劣
今於父所 大獲珍寶 幷及舍宅 一切財物
甚大歡喜 得未曾有 佛亦如是 知我樂小
未曾說言 汝等作佛

하리라는 말씀을 하시지 않으시고, 저희들에게 번뇌가 하나도 없음을 얻었으며 소승을 성취한 성문 제자라 말씀하시었습니다. 부처님께서 저희들에게 가장 높은 가르침을 설하라 분부하시고, 이것을 닦고 익히면 당연히 성불한다 하셨습니다.

저희들은 부처님의 가르침을 받들어 대 보살을 위하여 모든 인연과 가지가지 비유와 약간의 이

而說我等	得諸無漏	成就小乘	聲聞弟子
佛勅我等	說最上道	修習此者	當得成佛
我承佛敎	爲大菩薩	以諸因緣	種種譬喩

야기로 위없는 도를 설하였으며, 모든 불자들이 저희들로부터 법을 듣고 밤낮으로 깊이 생각하며 정성을 다하여 부지런히 닦고 익히니, 그때 부처님들께서 바로 그들에게 수기를 주시며 '너희는 오는 세상에 반드시 성불하리라.' 하셨습니다.

 일체의 모든 부처님들께서 비밀스레 간직한 법을 보살들만을 위하여 참된 이치를 설하시며, 저

若干言辭	說無上道	諸佛子等	從我聞法
日夜思惟	精勤修習	是時諸佛	卽授其記
汝於來世	當得作佛	一切諸佛	秘藏之法
但爲菩薩	演其實事		

희를 위하여서는 그 진실하고 꼭 필요한 것을 설하시지 않으셨습니다. 마치 저 빈궁한 아들이 그 아버지를 가까이 하게 되어 모든 재물을 알게 되었으나, 바라거나 가지려는 마음이 없는 것과 같이 저희들도 부처님 법의 보배 창고를 설하였지만 원하는 뜻이 없었음이 이와 같습니다.

저희들이 안으로 모든 번뇌를 끊고 스스로 만족하게 여기며 오

而不爲我	說斯眞要	如彼窮子	得近其父
雖知諸物	心不希取	我等雖說	佛法寶藏
自無志願	亦復如是	我等內滅	自謂爲足

직이 일만 깨달아서 다시 다른 일을 생각하지 않았습니다. 저희들은 부처님 국토를 청정하게 하는 것과 중생을 가르쳐 교화하는 것을 들었어도 도무지 기뻐하거나 즐거워한 적이 없었습니다.

왜냐하면 일체 모든 법은 다 비어 있고 고요하며 생도 없고 멸하는 것도 없으며, 크지도 않고 작지도 않으며, 번뇌의 근원도 없고 변천이 없다 하며 이와 같이 생각하

唯了此事	更無餘事	我等若聞	淨佛國土
教化衆生	都無欣樂	所以者何	一切諸法
皆悉空寂	無生無滅	無大無小	無漏無爲

고 기쁨과 즐거움을 내지 않았습니다. 저희들이 긴긴 밤에 부처님의 지혜를 탐하거나 집착하지 않고 또 원하는 뜻도 없었으며, 스스로 법에 대하여서 이것이 마침내 도달한 경지라 생각하였습니다.

저희들이 긴 세월 동안 공의 가르침을 닦고 익혀서 삼계의 고통과 근심의 재앙에서 벗어나 최후의 몸인 유여열반에 머물면서, 부처님의 교화를 받아 헛되지 않은

如是思惟	不生喜樂	我等長夜	於佛智慧
無貪無著	無復志願	而自於法	謂是究竟
我等長夜	修習空法	得脫三界	苦惱之患
住最後身	有餘涅槃	佛所敎化	得道不虛

도를 얻었으니 곧 부처님의 은혜
를 갚은 것이라 하였습니다.
 저희들이 비록 모든 불자들을
위하여서 보살의 법을 설하여 불
도를 구하도록 하였으나 이 법에
대하여는 오래도록 즐기려는 마
음이 없었습니다. 부처님께서는
보시고도 버려 두시고 저희들 마
음을 살피시어 처음에는 참된 이
익이 있다고 설하시며 나아가게
권하지 않으셨습니다.

則爲已得	報佛之恩	我等雖爲	諸佛子等
說菩薩法	以求佛道	而於是法	永無願樂
導師見捨	觀我心故	初不勸進	說有實利

마치 부자인 장자가 아들의 뜻이 못났음을 알고 방편의 힘으로 그 마음을 부드럽게 만든 후에야 일체의 재물을 부탁하는 것과 같이, 부처님께서도 역시 이와 같으셔서 희유한 일을 나타내시어 소승법을 좋아하는 것을 알고 방편력으로 그 마음을 조복시키고서야 큰 지혜를 가르쳐 주셨습니다.
　저희들은 오늘 천만뜻밖에 본래 바라지 않았던 것을 지금 저절

如富長者	知子志劣	以方便力	柔伏其心
然後乃付	一切財物	佛亦如是	現希有事
知樂小者	以方便力	調伏其心	乃教大智
我等今日	得未曾有	非先所望	而今自得

로 얻었사오니 마치 저 빈궁한 아들이 한량없는 보배를 얻은 것과 같습니다. 세존이시여! 저희는 이제 도를 얻고 과를 얻어 무루법에서 청정한 눈을 얻었습니다.

　저희들이 오랜 세월 부처님의 깨끗한 계를 지니고서 오늘에야 비로소 그 과보를 얻었으며, 법왕의 법 가운데서 오랫동안 깨끗하게 수행하여 이제 번뇌가 없고 위가 없는 큰 과를 얻었으니 저희들

如彼窮子	得無量寶	世尊我今	得道得果
於無漏法	得淸淨眼	我等長夜	持佛淨戒
始於今日	得其果報	法王法中	久修梵行
今得無漏	無上大果		

은 이제서야 참되고 바른 성문입니다. 불도의 소리를 일체가 듣도록 하겠습니다. 저희들이 이제서야 참다운 아라한이니, 모든 세간의 하늘과 사람과 야차와 마와 범천이 널리 그 가운데에서 하는 공양을 마땅히 받겠습니다.

세존의 큰 은혜는, 참으로 희유한 일로서 저희를 불쌍히 여기시어 교화하시고 이익 되게 하시니 무량억 겁에라도 어찌 갚을 수 있

我等今者	眞是聲聞	以佛道聲	令一切聞
我等今者	眞阿羅漢	於諸世間	天人魔梵
普於其中	應受供養	世尊大恩	以希有事
憐愍敎化	利益我等	無量億劫	誰能報者

겠습니까? 손과 발을 다 바치고 머리 숙여 예배하고 공경하며 온갖 것을 공양하여도 모두 갚을 수 없습니다.

만약 머리에 이고 양 어깨에 업고서 항하의 모래 수 같은 세월 동안 마음을 다하여 공양하며, 좋은 음식과 한량없는 보배 옷과 또 여러 가지 와구와 가지가지 탕약을 공양하며 우두전단과 여러 가지 진귀한 보배로 탑묘를 세우고 보

手足供給	頭頂禮敬	一切供養	皆不能報
若以頂戴	兩肩荷負	於恒沙劫	盡心恭敬
又以美饍	無量寶衣	及諸臥具	種種湯藥
牛頭栴檀	及諸珍寶	以起塔廟	寶衣布地

배옷을 땅에다 펴는 이와 같은 일들로 공양하기를 항하의 모래 수 같은 세월 동안 하여도 역시 갚을 수가 없나이다.

부처님들께서는 희유하시며 한량없고 가없으며 불가사의한 큰 신통의 힘이며 번뇌가 없고 변천이 없는 모든 법의 왕으로서 생각이 낮고 못난이들을 위하여 이런 일을 참으시고 상을 가지려는 범부들에게 마땅함을 따라 설하셨

如斯等事	以用供養	於恒沙劫	亦不能報
諸佛希有	無量無邊	不可思議	大神通力
無漏無爲	諸法之王	能爲下劣	忍于斯事
取相凡夫	隨宜爲說		

습니다.

　모든 부처님께서는 법에 대하여 가장 자재함을 얻으시어 중생들의 가지가지 욕심과 즐거움과 그 뜻과 힘을 아시고 감당하는 정도에 따라서 한량없는 비유로써 설법을 하시며, 중생들이 전생에 지은 선근에 따라 성숙되었거나 성숙되지 못한 자들을 아시며 가지가지로 헤아려 분별하여 아시고서 일승도에 대하여 삼승으로

諸佛於法　　得最自在　　知諸衆生　　種種欲樂
及其志力　　隨所堪任　　以無量喩　　而爲說法
隨諸衆生　　宿世善根　　又知成熟　　未成熟者
種種籌量　　分別知已　　於一乘道　　隨宜說三

설하신 것이었습니다.

제 사 신해품 끝
묘법연화경 제 이권 끝

第四 信解品 終
妙法蓮華經 卷第二 終

편저자
無一 우학 큰스님

불기 2544년(서기 2000년), 경주 연대산(蓮台山) 산문(山門)을 열고, 선관쌍수(禪觀雙修)로써 선법(禪法)을 펴고 있습니다.

불보사찰 통도사 출가
성파 대종사를 은사로 득도(得度)
대학, 선방, 강원, 토굴 등 제방에서 면학, 수행
성우 대종사로부터 비니정맥 전수
출가 상좌(스님) 60여명, 마을(유발)상좌 3천여 명.

포교대상 종정상 대상(대한불교조계종)
대원상 대상(재단법인 불교진흥원)
대한민국찬불가요 대상

한국불교대학 大관음사 창건
국내외 십여 군데 도량 설립(미국, 중국 등)
무일선원 무문관 창건(스님 및 신도 수행처)

사회복지 법인 無一복지재단 설립
　　요양원, 노인센터, 지역아동센터, 공동생활가정, 기억학교, 치매주간보호센터
참좋은어린이집, 참좋은유치원 설립
도서출판 좋은인연 설립
학교법인 無一학원 설립(참좋은이서중·고등학교)
사단법인 NGO B.U.D 설립
의료법인 無一의료재단 설립(참좋은 요양병원)
K-붓다 빌리지 (B.U.D 山海세계명상센터) 설립

300여 권의 저술
저거는 맨날 고기 묵고, 새로운 불교공부, 완벽한 참선법, 참좋은 생각(컬처북스), 하루 한 가지 마음공부법(조화로운삶), 부처되는 공부(뜰), 무문관강론, 지혜로운 삶(신심명강설), 아~부처님, 백팔대참회문 법문(전3권), 無門(전2권), 無一우학 禪敎法藏, 無一우학 法門, 생활 속의 법화경(전2권), 무일설법대전, 33관세음보살님 가피, 비유디 법요집 등

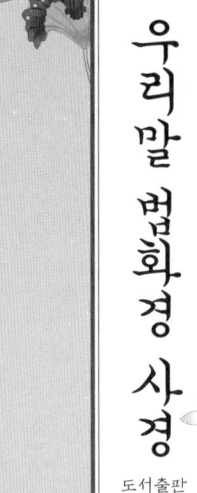

우리말 법화경 사경

도서출판 좋은인연

묘법연화경 권 제이

재판발행 1쇄 2025. 03

―
편저자   無一 우학 큰스님
―
펴낸곳   도서출판 좋은인연(한국불교대학 부속출판사)
         등록 / 제4-88호
         주소 / 대구 남구 중앙대로 126
         전화 / 053-475-3707
―
가격   978-89-93040-56-2 7,000원
         978-89-93040-54-8(set)
―
         대한불교조계종 한국불교대학 大관음사
         홈페이지 / **한국불교대학**
         다음카페 / **불교인드라망**
         유튜브   / **우학스님 유튜브불교대학**
                  한국불교대학 비유디TV
                  영어채널 K-BuddhaVillage
                    (부처님마을)
―
· 법보시 받습니다. 보시하신 책은 군법당, 교도소 등에 무료 배포됩니다.(053-475-3707)